초·중·고, 대학생, 학부모, 교사, 교수 필독서

글로벌 시대 외국어로 성공하기

김 수 일

부산외대 교수/전 외교통상부 대사

Defining the Significance and Use of Foreign Languages in the Global Era.

부산외국어대학교 출판부

글로벌 시대 외국어로 성공하기

2011년 5월 10일 1판 1쇄 발행
2011년 5월 20일 1판 2쇄 발행

저 자/ 김 수 일
발행인/ 정 해 린
발행처/ 부산외국어대학교 출판부
등 록/ 제 카7-53호 (1988. 9. 1.)
주 소/ 608-738 부산광역시 남구 석포로 15
전 화/ 051)640-3439, 3440 팩스/ 051)640-3580
인터넷/ http://press.pufs.ac.kr

편 집/ 주간·서상범, 디자인·양남목
인쇄처/ 세종문화사 (051)463-5898
공급처/ 한국출판협동조합 (02)716-5616~9

ISBN 978-89-8312-349-7 03370

값 5,000원

이 도서는 부산외국어대학교의 연구활동을 진작시키고 출판물의
저작 · 보급을 촉진하기 위해 도서개발 연구비가 지원된 도서입니다.

머릿말

미래를 준비하는 학생들 뿐 아니라, 학생들을 지도하는 교사(수), 그리고 학부모들에게 가장 중요한 관심사의 하나가 “학생들이 대학에서 어떤 공부를 하는 것이 미래를 위해 가장 유리할 것인가?”일 것이다. 대부분의 경우, 대학에서 공부하는 전공과 지식들이 사회생활에 직결되기 때문이다. 그러나, 대학에서 공부할 학문을 선택하기 위해서는 먼저 사회 변천에 따른 직업의 변화를 살펴봐야 한다. 인류 사회의 변천사를 보면, 각광받는 지식과 직업의 종류가 세계질서와 산업의 발전에 따라 변화해 왔기 때문이다. 21세기들어 20세기에 선망받던 많은 직업들이 사라졌는가 하면 무수히 많은 유망 직종들이 새롭게 등장하였다. 따라서, 젊은이들은 세계질서와 산업 사회의 발전 추이를 관망하면서 미래 사회에 부상할 수 있는 직업군들에 대해 분석하고, 나아가 이들 직업들이 요구하는 학문과 지식이 무엇인지를 파악하여 공부하는 자세가 필요하다.

21세기 미래 사회를 전망해 볼 때, 분명한 사실은 글로벌 질서가 더욱 심화될 것이라는 점이다. 이로 인해, 미래의 젊은이들은 국경 없는 세계를 무대로 자유롭게 활동하기 위해 무엇 보다 뛰어난 외국어 구사능력을 갖춰야 한다. 그리고, 영어의 경우 공용어로서의 위상이 계속 강화되겠지만, 여전히 지구 상에는 영어를 구사하지 못하는 인구가 압도적 다수로 존재할 것이기 때문에, 글로벌 인재가 되기 위해서는 영어 외에 최소한 한 가지 이상의 제 2 외국어 구사 능력을 함께 갖춰야 할 것이다. 나아가 모두에게 기본인 영어와 제 2외국어 외에, 인문사회, 상경, 이공, 의학, 생명공학, 예체능 등 비외국어 분야에서 한 분야를 선택하여 함께 심화 학습하는 것이 필요하다.

저자는 소위, 특수외국어로 분류되는 인도네시아-말레이시아어를 전공으로, 영어와 정치외교학을 복수 부전공으로 공부한 뒤, 대학 교수, 외교부/통일부/교과부/대통령 자문위원, 주한 인도네시아 명예총영사, 주 동티모르 대사 등 다양한 사회활동을 펼쳐왔다. 글로벌 질서가 더욱 확대될 미래 사회에서는 저자가 실천한 "영어+제 2 외국어+비외국어 전공=외국어 중심의 3 중 융합전공" 이 더욱 강력한 경쟁력을 갖게 될 것을 확신하면서, 이 전공 체제와 관련하여 직접 터득한 지식과 지혜, 경험들을 후학들에게 전하고자 한다. 아울러 '외국어 중심의 3중 융합전공'의 실체와 위력, 제 2 외국어의 선택 방법, 외국어를 활용한 취업 및 직장에서의 승진 전략, 외국어 공부 방법 등 다양한 관련 테마들을 다루고 있다.

모쪼록, 본서를 읽고 글로벌 시대의 미래를 준비하는 학생들은 물론, 학생들의 미래 준비를 조언해 줘야 할 입장에 있는 초・중・고 교사, 교수, 학부모들에게 유용한 참고자료가 되길 기대한다.

2011년 4월, 저자

목 차

머리말 / 3

1. 외국어의 중요성이 커지는 이유 • 7

2. 글로벌 인재의 정의와 조건 • 13

3. 외국어 중심의 3중 융합전공의 등장 배경 • 14

4. '외국어 중심의 3중 융합 전공"의 위력 • 16

5. '외국어 중심 3중 융합전공'의 구조 • 18

6. '외국어 중심의 3중 융합전공'의 장점 • 19

7. '외국어 중심의 3중 융합전공'으로 성공한 사람들 • 21

8. '외국어 중심의 3중 전공' 활용 방법 • 25

9. 특수 외국어의 정의 • 29

10. 세계 주요 외국어의 종류 • 31

11. 제 2외국어의 선택 기준과 방법 • 34

12. 제 2외국어와 영어의 불가분의 관계 • 44

13. 모국어 공부와 외국어 공부 방법의 차이 • 49

14. 외국어 공부의 영역들 • 52

15. 외국어 공부 방법 • 78

16. 조기 유학과 조기 외국어 공부의 허와 실 • 97

17. 해외 언어 연수 및 유학의 효과 • 102

18. 외국어를 활용한 진출 분야 • 105

19. 외국어를 활용한 취업 및 성공 전략 • 107

20. 맺음말 • 109

1. 외국어의 중요성이 커지는 이유

최근 대학 졸업자를 상대로 실시한 한 설문 조사가 "대학 재학 시절 열심히 하지 못해 가장 후회하는 일 3가지"에 대해 질문을 한 결과, 첫째, 영어 공부, 둘째, 전공, 셋째 취미와 레저 활동으로 대답했다는 결과가 나왔다. 이 결과를 역으로 분석해 보면, 대학생들 스스로 글로벌 시대에서 영어를 비롯한 외국어 공부의 중요성을 잘 이해하고 있다는 것으로 이해할 수 있다. 먼저 외국어의 중요성을 증대시키는 시대 사회적 요인들에 대해 과거와 비교하여 살펴보자.

1) 국제교류에 대한 고대 철학자들의 시각

고대 그리스 철학자들은 국제 교류와 협력에 대해 서로 다른 견해를 갖고 있었다. 교류와 협력의 수단이 발달하지 못했고, 필요성이 오늘날처럼 중요치 않았기 때문이었을 것으로 추정된다. 먼저 이에 대해 그리스의 대표적인 고대 철학자들이며, 인류의 사상에 지대한 영향을 미친 플라톤(Plato: 427~347 B.C.)과 아리스토텔레스(Aristotle: 384~322 B.C.)의 시각을 비교해 보자.

플라톤은 교류가 모두에게 이익이라는 시각을 가졌다. 그의 저서

"공화국(the Republic)"을 통해 '한 사람의 시민이 농사를 짓고, 베를 짜고, 구두를 만드는 등 모든 일을 하는 것보다 한 가지의 상품만을 생산하고, 자신의 잉여 상품으로 다른 사람들의 잉여 상품과 교환하는 분업체계가 개인은 물론 사회 전체에 이익이 된다고 강조했다. 이러한 시각은 개인과 국가 차원에서도 적용될 수 있으며, 국가들이 비교우위 요인에 바탕을 두고 분업과 교역을 하면 서로에게 유익하다는 메시지로 해석할 수 있다.

반면에, 아리스토텔레스는 국가 간 교류의 중요성에 크게 공감하지 않았다. 그는 '개인들에게 가장 중요한 가치는 행복(Happiness)이며, 국가에게 가장 중요한 가치는 자립(Self-sufficiency)'이라고 주장했다. 그가 강조한 국가의 자립은, '국가들이 국방, 경제, 과학 기술 등의 모든 영역에서 타국에 의존치 않고 스스로의 힘으로 해결하는 능력'을 의미했다. 그러나, 현대의 글로벌 시각에서 볼 때, 그의 이상(理想)은 너무나 순진하고 근시안적이었다고 볼 수 있다. 고대 사회나 현대 사회나 모두 외부 사회와 완전히 단절하고 홀로 섬(Island)과 같이 존재하는 것은 결코 자신의 이익에 이롭지 않을 뿐 아니라, 현실적으로 불가능에 가까운 일이다.

개인이나 국가들이나 자신의 부족한 부분을 외부와의 교류와 협력을 통해 보완 하여, 보다 풍요롭고 안락한 삶을 지향하는 것이 바람직하기 때문이다. 국제 교류와 협력은 문명의 발달에 따라 미래에도 더욱 심화될 것으로 전망되며, 이와 함께 외국어의 필요성도 크게 증대

될 것으로 전망된다.

2) 냉전체제 붕괴와 세계화의 가속화

20C 후반 들어 외국어의 중요성을 결정적으로 부각시킨 사건은 냉전체제의 붕괴와 뒤이어 등장한 세계화 질서(Globalization order)이다. 냉전의 종식을 공식적으로 선언한 사건은 1989년 12월 지중해의 작은 섬나라 몰타(Molta)에서 개최된 조지 H.W. 부시 (George Herbert Walker Bush: 1924~) 미국 대통령과 고르바초프(Mikhail Sergeyevich Gorbachev:1931~) 소련 공산당 서기장의 서미트

부산외대를 방문한 수뿌랍토 인도네시아 대사와
故 정태성 이사장 사이에서 통역하는 저자(1984년)

(Summit)였다. 1917년 볼세비키 혁명(Bolshevik revolution)으로 제정(帝政) 러시아가 붕괴되고 소련 공산주의 정권이 출범한 후 몰타 선언 까지 약 72년 동안, 세계는 미국이 주도한 자유민주주의 진영과 구(舊) 소련을 중심으로 한 공산주의 진영으로 나뉘어져 첨예하게 대립하였고, 이로 인해 국가 간 교류는 블록 체제(Bloc system) 내에서 제한적으로 이루어 졌었다.

그러나 냉전 종식으로 인해 세계는 협력과 교류를 통한 공동의 번영과 발전을 추구하는 새로운 문명의 개막을 맞게 되었다. 그 과정에서 WTO를 중심으로 한 세계 차원의 무역투자 자유화 물결, EU와 NAFTA 등이 주도한 다자 자유무역 질서, 그리고 개별 국가 간에 추구되는 양자 FTA 자유무역 협정 등이 탈냉전 시대의 국가 간 교류와 협력을 촉진하는 촉매제의 역할을 하였다. 이들 외에도 2008년 발생한 세계금융 위기와 연이어 발생한 경제불황을 극복하기 위한 전 지구적 공동 노력 속에 등장한 G20 등 글로벌 메커니즘들이 국가간 교류와 협력 확대를 강화시키는 데 기여하고 있다.

3) 경제, 과학 기술, 인터넷, 민주주의의 발전

경제 발전에 따라 삶이 보다 풍요로워지고, 구매력이 강화되면서 사람들은 전 세계를 대상으로 보다 질 좋고 값싸며 자신의 개성에 맞는 재화와 용역을 아웃소싱(Out-sourcing)하게 되었다. 특히, 20C

후반 이후 눈부신 발전을 거듭하고 있는 정보 통신, 항공, 인터넷 기술의 발달, 그리고 CNN, BBC, NHK, CCTV 등 글로벌 뉴스미디어 시청권의 지구적 확대는 다양한 국제 교류와 협력, 상호 방문을 촉진시키면서 외국어의 중요성을 증대시키고 있다.

4) 이라크 전쟁의 실패를 통해 연성파워의 중요성에 대한 인식 제고

미국 정부는 이라크(Iraq)와 아프가니스탄(Afghanistan) 전쟁을 수행하면서 군사력에 바탕한 강성파워 (Hard power)만으로는 목표를 관철시키는데 한계가 있다는 점을 깨닫고, 대화와 포용을 바탕으로 한, 이른바 연성 파워(Soft power) 혹은, 영리한 전략(Smart strategy)에 눈을 뜨게 되었다. 연성파워 전략의 요체는 이들 지역의 언어와 문화의 이해를 통해 지역 국민들과 상호 존중과 신뢰, 소통을 강화하고, 그 바탕 위에서 국익과 국가 목표를 추구하는 전략이다. 이를 위해 미국 정부는 이라크와 아프가니스탄의 언어와 지역 사정에 능통한 전문가들을 확보하는 노력을 강화하였다.

이러한 미국의 대외정책 기조 변화는 우리나라를 비롯한 전 세계에 영향을 미쳤다. 외교통상부를 비롯한 우리 정부 기관들과 기업들 역시 연성 파워 강화를 통해 대외업무의 효율성을 높이기 위해 세계 각 지역의 언어와 지역 사정에 정통한 전문가들을 충원하는 일에 피치를 올리기 시작했다.

다시 말해, 위에서 언급한 다양한 요인들에 의해 교류와 협력이 가속화되면서 외국어의 중요성은 갈수록 강화되고 있으며, 기업과 정부기관들은 외국어에 능통한 인재 확보에 경쟁적으로 나서고 있다. 이러한 현실 속에서 '영어가 학벌보다 낫다'는 인식이 사회에 광범위하게 확산되고 있으며, 실제 직장에서 승진이나 구조 조정 때 학벌 못지 않게 외국어 실력이 우선적으로 반영되고 있는 실정이다.

2. 글로벌 인재의 정의와 조건

글로벌 인재란 '세계 각 지역의 언어와 문화, 지역 사정에 대한 이해를 바탕으로 세계 각 지역 사람들과 상호 존중과 협력의 정신으로 공동의 가치와 목적을 추구해 갈 수 있는 마인드(Mind)와 감각(Sense)을 갖춘 사람'으로 정의할 수 있다.

이런 관점에서 볼 때, 글로벌 인재가 세계 각 지역의 사람들과 교류와 협력을 발전시키는 과정에서 필요한 최고의 지적 수단이 외국어다. 외국어라는 수단을 갖춰야 자신이 갖고 있는 지식과 기술은 물론, 논리와 의사를 상대방에게 정확하고 효율적으로 전달할 수 있고, 결과적으로 보다 효과적으로 협력과 교류를 증진시켜갈 수 있다.

본서는 글로벌 인재가 갖춰야 할 외국어 실력의 수준을 '영어와 제 2외국어 한 가지 등 최소 두 가지의 외국어를 업무(Business) 추진이 가능한 수준으로 구사할 수 있는 수준'으로 설정하고 있다.

3. 외국어 중심의 3중 융합전공의 등장 배경

현재 대학에 재학 중인 학생들이 사회에 진출하는 시기는 개인에 따라 지금부터 4-8년 후이며, 중고생들의 경우 6~14년 후이다. 다시 말해, 이들은 적어도 4~14년 후의 미래 사회가 요구하는 지식을 갖춘 인재들로 양성돼야 한다. 앞 장의 '글로벌 인재의 정의와 조건'에서 설명한 바와 같이 미래 사회의 특징의 하나는 '글로벌 질서'이며, 글로벌 질서가 학생들에게 요구하는 최고의 지식이 '영어 + 제 2

수하르토 인도네시아 대통령을 예방한 저자(1984)

외국어 + 비외국어 전공'이다. 따라서, '외국어중심의 3중 융합전공'은 시대 사회적 요청이다. 글로벌 질서 아래 우리 사회가 우리 학생들에게 가장 절실히 요구하는 지식들에 대해 정리해 보면,

첫째, 외국어 능력은 해외 취업은 물론, 국내 취업을 위해서도 필수적이다.

외국어의 경우 영어 한 가지만으로는 부족하며, 영어와 함께 제 2 외국어 한 가지를 더해 최소 두 가지의 외국어에 능통해야 한다.

둘째, 외국어 두 가지만으로도 부족하며, 비외국어 분야 전공을 별도로 가져야 한다. 대학에 진학하면 외국어가 아닌 비외국어 계열의 전공, 이를 테면 상경, 법학, 이공, 예체능 등의 분야에서 한 가지의 전공을 선택하여 공부해야 한다.[1] 결론적으로, '영어 + 제 2외국어 + 비외국어 전공=외국어 중심의 3중 융합 전공'이 글로벌 시대가 요청하는 가장 경쟁력 있고, 신뢰할 수 있는 대학 공부 시스템으로 성립된다.

---

1) 2010년 11월 우리나라에서 개최된 G20(주요 20개국) 재무장관 회의에서 영어를 사용할 일이 많았던 윤중현 기획재정부 장관은 금년 초 기자 회견에서 "작년 G20 때 썼던 자신의 영어는 사실 콩글리시(Konglish)였다. 원활한 회의 진행에는 영어실력 보다 축적된 경험과 업무 지식이 더 중요하다는 것을 재삼 체험했다. G20 준비를 위해 해외유학을 다녀왔거나, 해외에서 직업을 가진 민간인들을 채용했는데, 행정경험과 업무지식, 그리고 우리나라에 대한 이해가 부족하여 별 도움이 되지 못했다. 우리나라에서 고등교육을 받고, 우리나라의 역사, 문화, 정치, 경제에 대한 폭넓은 지식을 갖춘 뒤, 외국에 나가 영어를 배우고 온 토종 영어 인재의 육성이 필요하다."고 밝혔다.

4. '외국어 중심의 3중 융합 전공"의 위력

1) 외국어나 비외국어 전공 모두 단독으로는 최대 가치를 발휘할 수 없다.

글로벌 시대가 개막되면서 외국어의 중요성은 아무리 강조해도 지나치지 않다. 그럼에도 불구하고, 외국어에는 태생적 한계가 존재한다. 외국어는 다른 지식과 기술 등을 표현하여 이들이 교류될 수 있도록 보조하는 수단에 불과하다는 점이다. 반면에, 자연과학이나 사회과학, 예 체능 등 비외국어 분야의 학문들도 글로벌시대를 맞아 외국어 실력의 뒷받침을 받지 못하면 국내용 지식으로 가치가 반감된다.

2) 외국어와 비외국어 학문간 융합이 시너지 효과를 극대화 시킨다.

현대 사회에서는 융합은 선택이 아니라 필수다. 산업과 산업 뿐 아니라, 학문과 학문이 융합하면 경쟁력이 더욱 강화된다. 외국어 지식과 비외국어 분야의 지식, 이를테면, 경제, 과학, 기술, 예술 등에서의 지식이 융합하면, 개인들의 글로벌 경쟁력이 급격히 강화되게 되는 것이다. 이와 같이, 개인의 경쟁력을 강화하고 활동 무대를 넓히기 위해서는 외국어 전공자는 비외국어 분야를 부전공 혹은 복수전공으로 선택하여 공부하고, 반대로 비외국어 전공 학생들은 영어와 제 2외국어를 공부하여 자신의 전공지식을 국제적으로 폭넓게 활용하도록 해야 한다.

5. '외국어 중심 3중 융합전공'의 구조

글로벌 시대의 젊은이들이 대학부터 필수적으로 실천해야할 "외국어중심의 3중 융합전공"의 내용을 구체적으로 살펴보면, 외국어계열학생들(영어를 포함한 모든 외국어 전공자)에게나 비외국어 계열 학생들(인문 사회, 이공계, 의과계열, 예체능 계열 등)에게나 공통적으로 "영어 +제 2외국어 + 비외국어 전공 = 3중 융합전공"으로 구성된다. 다시 말해, 두 가지의 외국어는 모든 대학생들에게 공통이며, 다만 비외국어 분야 전공 분야에서 각자 차별화된다.

굳이 "3중 전공, 혹은 3중 융합전공"으로 호칭하지 않고 "외국어 중심의 3중 융합전공"으로 한 이유는 크게 두 가지다. 첫째는 글로벌 시대에 외국어는 필수이기 때문에 대학생들은 어떤 공부보다 우선적으로 해야 하고, 둘째, 비외국어 분야 전공은 대학원 과정 등에서 심화 학습을 할 수 있는 기회가 마련돼 있기 때문이다.

6. '외국어 중심의 3중 융합전공'의 장점

"외국어 중심의 3중 융합전공 체제"는 글로벌 시대의 젊은이들에게 최고의 경쟁력을 보장하는 학습체제인 동시에, 이 체제를 실시하는 대학이나 학생들에게 다음과 같은 다양한 혜택을 제공한다.

1) 대학 차원에서 부담 없이 실시할 수 있다.

대학들이 이 제도를 실시할 때, 대규모의 인적 자원이나 교육 인

본양 라오스 수상 집무실에서 한-라오스 친선 모임을 공동 주재하는 모습 (2001)

프라의 추가 확충이 필요치 않다. 각 대학들이 기 보유하고 있거나 운용하고 있는 인적 자원과 교육 인프라, 그리고 교육 프로그램과 전공 체제를 효과적으로 조합하여 활용하면 큰 추가 부담없이 실시가 가능하기 때문이다. 다만, 수업 시수와 졸업학점을 다소 늘리는 데 따른 약간의 교수와 시설 확충이 수반돼야 할 것이다.

2) 소속 학과에 관계없이 이수가 가능하다.

성적 문제로 희망하는 학과 진학이 어려운 입시준비생들과 자신의 현재 대학 전공이 적성에 맞지 않아 갈등을 겪고 있는 대학생들에게 돌파구가 될 수 있다. 현재 거의 모든 대학들의 커리큘럼 체제가 복수 전공을 허용하기 때문에, 수능 성적과 내신 등급이 낮은 학생들의 경우, 실제 전망에 비해 과소평가되어 있는 특수외국어 학과 등에 입학한 후, 자신이 본래 원했던 전공을 복수 전공으로 선택하여 공부할 수 있기 때문이다.

3) 영어 사교육비 부담을 경감시켜 준다.

학부모들에게 막대한 경제적 부담을 주고 있는 사교육비 가운데 가장 큰 비중을 차지하고 있는 것이 영어 학원비다. 대학생들의 경우, '외국어 중심의 3중 융합전공'을 통해 대학에서 영어 수업을 충분히 수강하면 별도로 학원 수강이 필요없게 되어 학원비 지출도 절약할 수 있다.

7. '외국어 중심의 3중 융합전공'으로 성공한 사람들

1) 외국어 능통자에 대한 평가가 인색하다.

역사적으로 우리나라의 외교관, 학자, 기업인들 가운데 뛰어난 외국어실력으로 국가와 사회 발전에 기여한 사람들이 많았다. 그러나, 지금까지 우리 사회에는 통역관들을 비롯하여 외국어 능통자들에 대한 평가에 매우 인색했던 것이 사실이다. 문제의 상당 부분은 대학의 외국어 교육시스템과 외국어 능통자 자신들에게 있다.

지금까지 대학의 외국어 학과들은 학생들에게 외국어만 가르쳤고, 부전공으로 가르칠 수 있었던 비외국어 분야의 학문들, 이를테면 인문사회, 상경, 이공, 의학, 이공, 예체능 등을 가르치지 않았다. 이로 인해, 외국어 전공자들은 외국어 외에는 다른 학문에 대한 지식을 습득하지 못하고 대학을 졸업하게 되었다. 회계학을 전공한 학생들은 회계사 자격증을, 의학을 전공한 학생들은 의사 자격증을, 법학을 전공한 학생들은 고시에 도전하여 법조인이 되는 등 전공을 활용하여 사회에 전문인으로 진출 할 수 있지만, 외국어를 전공한 학생들에게는 이와 같은 차별적 진출 분야가 없었다. 더구나, 글로벌 시대가 개막하면서, 비외국어 분야 전공자들도 모두 외국어의 중요성을 인식하여 수준 높은 외국어 실력을 갖추고 있어, 외국어 전공 학생들의 입지가 더욱 좁아지고 있다. 따라서, 미래의 젊은이들은 외국어 교사(수) 등 특수한 직업 진출자를 제외하고는 , 모두 '외국어 전공자'보다 '외국어에 능통한 ○○ 분야 전문가'를 지향해야 할 것이다.

2) 반기문 UN사무총장의 경쟁력도 '영어, 프랑스어+외교 전문성'이다.

근래 우리나라에서 외국어와 비외국어의 융합 전공으로 성공한 사람들 가운데 대표적인 인물 몇 사람을 살펴보자. 먼저, 1990년대 김영삼 대통령(재임 기간:1993.2-1998.2) 시절의 한승주 외무장관을 들 수 있다. 교수 출신인 한 장관의 임명 배경에는 그의 뛰어난 영어실력은 물론, 정치외교학에 대한 그의 깊은 전문성이 고려됐기 때문이었다.

또한, 노무현대통령(재임 기간:2003.2-2008.2) 정부 당시 외교통상부 통상교섭본부장으로 임명된 김현종 전 미국 콜롬비아대 교수를 꼽을 수 있다. 2000년 대 들어, 한-미 FTA 등 양자 및 다자 통상 협상이 급증하자, 정부는 협상에 필요한 뛰어난 영어 실력과 국제통상법에 정통한 그를 스카웃하게 된 것이다.

무엇보다 이 분야의 백미는 반기문 UN사무총장이다. 70억 인류의 대표기관인 UN의 수장인 UN사무총장직(UN Secretary General)은 세계에서 가장 영향력있는 자리이며, 동시에 가장 영광스런 자리의 하나다. 그는 우리 역사상 국제사회에서 가장 중요한 역할을 수행한 자랑스런 한국인이 되었다. 그가 기라성 같은 세계의 인물들 가운데서 치열한 경합을 뚫고 UN사무총장에 당선될 수 있었던 데는 그의 풍부한 외교 경험과 뛰어난 영어와 프랑스어 실력이 크게 기여하였다.

위에서 소개한 이들 3명의 공통점은 모두 뛰어난 외국어 실력과 함께 비어학 분야의 전문 지식을 갖추고 있다는 점이다. 만약, 이들

2002 아시아패러림픽 선수촌장 재임 시 반한
전 태국 수상의 예방을 받고 있는 저자(2002.11)

이 외교 혹은 통상 분야에서 탁월한 전문성을 가지고 있었더라도, 우수한 외국어 실력을 갖추지 못했다면 그러한 위치에 이르지 못했을 것이고, 반대로 외국어 실력이 출중했더라도, 비외국어 분야의 외교 혹은 통상 정책 등에 대한 전문성이 없었더라면 역시 그 위치에 도달하지 못했을 것이다. 이들의 성공담(Success story)은 '외국어와 비외국어의 융합 전공'의 중요성과 불가피성을 적나라하게 입증해 주는 케이스들이라고 볼 수 있다. 이러한 사례들은 외교 분야에서 뿐 아니라, 비즈니스, 의료, 예술 등 모든 영역에 걸쳐 나타난다. 한 마디로, 글로벌 시대에 남 보다 경쟁력에 앞서고, 뛰어난 역할을 원한다면, 그 해답은 대학에서 "외국어를 기본으로 하는 3중 융합 전공"을 실천하는 것이다.

8. '외국어 중심의 3중 융합전공'의 활용 방법

1) 취업단계에서는 제 2외국어를 활용하자.

아직 까지 우리 사회에서 영어를 제외한 제 2외국어 능통자는 절대적으로 부족한 실정이다. 반면에 글로벌 질서의 확산에 따라 정부와 기업들이 업무를 전 세계적으로 다변화하면서 제 2외국어의 수요는 폭발적으로 증가하고 있다. 이러한 추세 속에서 정부와 기업체들도 제 2외국어 능통자들의 채용을 대폭 늘리고 있다. 따라서, 제 2외국어 능통자를 별도로 선발하는 정부 부서와 기업들을 파악하여 지원하면 높은 경쟁력을 피할 수 있어, 보다 쉽게 취업에 성공할 수 있다.

또한, 취업 후 회사생활에서도 제 2외국어 실력을 잘 활용하면 승진 등에서 유리한 고지를 점할 수 있다. 일반적으로 기업들은 신입사원들에게는 입사 후 몇 년 동안은 독자적으로 업무를 처리할 수 있는 권한을 주지 않는다. 따라서, 신입 사원들은 주로 상사의 업무를 보조하며 몇 년을 보내게 되는 것이다. 그러나, 예외적으로 제 2외국어를 특기로 입사하는 경우, 처음부터 전공 외국어와 관련된 해외 시장의 수출입 업무나 그 지역에 설치된 해외지사 업무 등을 맡게 되는 경우가 많다. 제 2외국어 능통자의 수가 극히 제한돼 있어 달리 대안이 없기 때문이다. 이러한 상황은 제 2 외국어 전공자들에게는 절호의 기회가 된다. 이 기간 동안 특수외국어와 지역 사정에 대한 지식, 그리고 책임감과 성실성을 인정받으면, 조기에 직장에서 자신의 위치를 확고히 굳힐 수 있다. 직장 내에서 '○○ 지역 업무는 ○ 아무개가 아니면, 아무도 할 수 없다'는 인식이 심어진다면, 승진 경쟁 등에서 유리할 뿐 아니라, 구조 조정이나 조기 명퇴도 걱정할 필요가 없게 될 것이다.

2) 중견 간부로 승진한 후 부터는 영어실력을 활용하자.

한편, 직장에서 제 2외국어로 수행할 수 있는 역할은 매우 제한돼 있다. 특히, 영어에 비해 현저히 제한돼 있다. 따라서, 직장에서 오래 동안 제 2외국어와 관련된 특정 업무를 담당하다 보면, 시각과 지식, 경험도 함께 좁아지고 편협하게 될 수 있다. 이를 극복하지 못하면, 장기적으로 조직 내에서 지도자로 성장하기가 어렵게 된다. 따라서 어느 시점부터는 제 2외국어와 관련된 특정 업무 영역을 벗어나, 보다 일반적이고 경영 전반에 관련된 업무 분야로 전환하는 것이 절대적으로 필요하다. 이 시점부터는 불가피하게 제2 외국어에 대한 의존을 줄이고, 영어의 비중을 높여야 한다. 본 서가 강조하는 '외국어 중심의 3중 융합전공'은 이러한 상황의 전개를 감안하여 영어를 필수 전공으로 포함하였다.

3) 고위직에 오른뒤에는 비외국어 분야 전공을 활용하자.

흔히 사람들은 인생을 살다보면 최소한 3－4번의 기회가 찾아온다고 한다. 대체적으로 초급 직원 10여년, 중견 간부 생활 10여년을 성공적으로 수행하면, 특별한 하자가 없는 한 조직 내에서 간부직에 오를 수 있다. 기업에서는 부장, 정부에서는 과장(서기관)까지의 승진은 얼마든지 가능한 일이다. 거기에서 한 단계 더 도약하여 고위직, 이를 테면 기업체의 이사, 정부의 (부)이사관급 이상으로 진출하려면, 이 단계부터는 '외국어 중심의 3중 융합전공'에서 연마한 지

아-태장애인 경기 참가 중국선수단을 방문한 등소평
전 중국 주석의 장남 등박방의 예방을 받고 환담(2002)

식 가운데 앞의 두 단계에서 활용하지 않은 마지막 전공인 비외국어 전공 지식을 경쟁력으로 삼아야 한다.

비외국어 전공을 이공계열로 이수한 사람들은 이공계 분야의 기술과 지식을, 상경계열 이수자는 경제나 경영에 관한 지식을 바탕으로 리더십을 발휘해야 한다. 진정한 리더십은 근육(Muscle)이나, 돈(Money), 권력(Power) 등 경성 요인들(Hard elements)에서 창출되는 것이 아니라, 상대방을 감동시킬 수 있는 연성 요인들(Spoft elements), 즉 뛰어난 지식과 식견, 그리고 훌륭한 인품 등의 덕목에서 비롯되기 때문에, 조직 내에서 고위직에 오른 뒤에는 조직의 핵심 역량에 대한 탁월한 지식과 식견을 바탕으로 리더십을 확립하는 것이 필요하다.

9. 특수 외국어의 정의

1) 독일어, 프랑스어, 일본어, 중국어 등을 제외한 기타 제2외국어들

일반적으로 비영어권 국가들에서는 영어를 제 1외국어, 영어가 아닌 다른 외국어를 제 2외국어로 분류한다. 그러나, 본서는 편의상 제 2외국어를 다시 두 가지로 분류하였다. 독일어, 프랑스어, 일본어, 중국어 등 국내에서 능통한 사람들의 수가 최소 수 백명을 상회하는 외국어들을 '주요 제 2외국어'로, 반면에 능통자의 수가 수백여 명에 미달하는 제2 외국어들은 특수외국어'로 분류하였다.

20C 후반 이후 미국 중심의 세계질서가 더욱 강화되면서 제 2외국어의 위상에 현저한 변화가 발생하였다. 주요 제 2외국어들인 독일어, 프랑스어 등의 비중이 약화되고, 미국과 함께 G2로 분류되는 중국의 급격한 국력 상승과 함께 중국어의 위상이 크게 높아졌다. 일본어는 중국어의 부상에 의해 상대적으로 위축되는 모습을 보이고 있지만, 우리나라에서는 양국간의 특수 관계로 인해 꾸준히 주요 제 2 외국어로서의 위치를 고수하고 있다.

특수외국어의 분류 기준은 나라마다 다를 수 있다. 예를 들어, 스페인어는 미국이나 남미에서는 사용인구가 많기 때문에, 특수외국어로 볼 수 없겠지만, 사용 인구가 소수인 우리나라에서는 경우가 다르다고 본다. 이런 관점에서, 우리나라에서는 제 2외국어 가운데 독일어, 불어, 중국어, 일본어를 제외한 나머지 제 2외국어들을 특수 외국어라고 분류할 수 있을 것이다.

2) 주요 특수외국어: 스페인어, 이탈리아어, 말레이-인도네시아어, 태국어, 포루투갈어, 베트남어, 힌디어, 중아아시아어, 미얀마어 등

현존하는 수 많은 특수외국어 가운데, 우리나라 대학에서 전공할 수 있는 특수외국어로는 스페인어, 포르투갈어, 말레이·인도네시아어, 중앙아시아어, 힌디어, 미얀마어, 이탈리아어, 태국어, 베트남어 등이 있다. 우리가 주목해야 할 점은 영어가 세계의 공용어처럼 인식되고 있지만, 실제적으로 영어를 사용하는 인구는 70억 인류 가운데 영어권(미국, 영국, 호주, 뉴질랜드, 싱가폴 등)에 살고 있는 10억여 명에 불과하다는 점이다. 따라서, 글로벌 질서로 인해 우리 정부나 기업들이 전 세계로 진출하는 과정에서 영어로 소통이 되지 않는 나머지 60 여 억 인류와의 파트너십을 위해서는 제 2외국어 능통자의 확보를 지속적으로 늘려가야 한다. 특히, 우리나라와 교류와 교역이 활발한 나라들에서 사용되는 특수 외국어에 대한 전망이 밝기 때문에, 학생들은 관심을 가져 볼 가치가 충분하다.

10. 세계 주요 외국어의 종류

1) 언어의 위상은 국력에 영향을 받는다.

언어의 변천사를 보면, 한 언어의 위상은 그 나라의 정치, 경제 등 국력 요인에 의해 민감한 영향을 받으며 변화해 왔다. 영어가 국제 공용어의 위치를 선점하게 된 것도 지난 300~400년간 앵글로색슨 국가의 군사력과 경제력 우위에 힘입은 바 크다. 반면에, 고대 근동의 아람어, 지중해 지역의 페니키아어, 중세 페르시아어 등 다양한 국제 공용어들이 정치적 경제적 원인에 의해 쇠퇴하였다. 예를 들어, 중앙아시아에서 러시아어의 부침을 보면, 20 C 초 중아아시아에서의 러시아어 해독률은 10% 정도였으나 공산화 뒤인 1959년에는 100% 가까이 까지 증가했다가 ,소련몰락 이후 다시 급감하였다. 최근에는 중국의 경제력이 급상승하면서 중국어의 보급이 급물살을 타고 있는 반면, 일본어의 인기는 침체된 일본 경제와 함께 상대적으로 하락하는 추세다.

2) 주요 인터넷 외국어: 영어, 아랍어, 중국어, 포르투갈어, 스페인어 순

최근에는 경제적 위상과 더불어 인터넷, 글로벌 방송 TV 등도 언어들의 역학 관계에 크게 영향을 미치고 있다. 지난 10년간 인터넷에서 많이 사용된 외국어로는 영어를 선두로 아랍어, 중국어, 포르투갈어, 스페인어 순으로 나타났다. 인터넷을 통한 외국어 보급은 미래에는 더욱 활발해 질 것으로 전망되어, 우리나라도 인터넷과 함께 KBS World 등 글로벌 매체를 활용하여 이러한 추세에 적극 대응해야 할 것이다.

전국경영대학원장 협의회 회장 재임 시(2002)

3) 사용 인구 규모별 주요 언어: 영어, 중국어, 아랍어, 프랑스어, 독일어, 스페인어, 포르투갈어 순

UNESCO 자료에 의하면, 현재 세계에는 약 6,500여 개의 언어가 존재하며, 그 가운데 천만 명 이상의 사용 인구를 가진 언어는 약 50여 종이다. 구체적으로 주요 어족과 언어의 분포를 살펴보면, 인도·유럽어족으로는 영어, 프랑스어, 독일어, 스페인어, 포르투갈어 페르시아어, 힌디어, 그리스어 등이 있으며, 이들 언어는 세계에서 가장 광범위한 지역에 걸쳐 가장 많은 인구에 의해 사용되고 있다.

16C 이후 식민지 활동이 본격화 되면서 이들 언어는 라틴 아메리카, 대양주, 아시아, 아프리카 등 세계 곳곳으로 전파되기 시작했다. 미국, 뉴질랜드, 호주에는 영어가, 그리고 캐나다 동부에는 프랑스어가, 라틴아메리카에는 스페인어와 포르투갈어가 뿌리를 내렸다. 기타 아시아, 중동, 아프리카에는 세계 인구의 1/4이 사용하며 세계 제 2대 어족에 속하는 중국·티베트어족(중국어, 태국어, 미얀마어, 티베트어)을 비롯해 셈·햄어족(아랍어, 히브리어, 에티오피아어의 셈어와 이집트어, 베르베르어, 소말리아어 등 햄어), 알타이어족(몽골어, 터키어, 한국어, 일본어, 만주어, 핀란드어, 헝가리어, 퉁구스어), 오스트로네시아 어족(자바어, 말레이어, 타갈로그어, 말라가시어), 아프리칸 어족(콩고어, 반투어), 기타 어족(인도어, 드리비다어, 에스키모어, 인디언어)이 분포하고 있다.

11. 제 2외국어의 선택 기준과 방법

수많은 외국어 가운데 자신의 미래에 가장 유리할 외국어를 선택하는 일은 매우 중요한 문제이다. 따라서, 제2 외국어의 선택은 다음과 같은 다양한 요인들을 종합적으로 고려하여 신중하고도 합리적으로 이뤄져야 한다.

1) 정부, 기업, 국제기구의 채용 시험 및 특채 기회를 살펴보자.

우선, 입사 및 공무원 시험에 폭넓게 포함되는지를 살펴 봐야 한다. 우리나라에는 현재 약 20 여 만 명의 젊은이들이 5급 고시, 7-9급 공무원 시험을 준비하고 있어, 나라 전체가 고시 천국으로 불려질 정도로 공무원 시험을 준비를 하는 사람들의 수가 엄청나다. 보통 평균 수백 대 일의 경쟁률을 기록하고, 합격은 하늘의 별 따기 만큼이나 어렵다. 이런 상황에서 제 2외국어 능통자들에게 5-7 급의 공직에 진출할 수 있는 특채기회가 주어진다는 사실은 특별한 축복이자 행운이 아닐 수 없다.

정부와 기업들이 전 세계적으로 교류와 업무를 확대하면서, 비영어권 지역에서는 영어 보다 현지어를 사용하는 것이 훨씬 효과적이라는 인식이 확산되고 있고, 이에 따라 정부는 물론, 삼성, LG, SK 등 대기업들이 제 2외국어 능통자들의 특별채용을 대폭 늘리고 있다.

▲ 5-7급 공무원 특채 대상 외국어(아랍어, 말레이-인도네시아어, 태국어, 베트남어, 미얀마어, 힌디어, 중앙아시아어, 이탈리아어, 포르투갈어 등)를 주목하자.

정부는 외무직, 출입국 관리직, 외사 경찰, 해양 경찰 등 다양한 분야와 직급에 걸쳐 특수외국어 전공자들을 특채하고 있는 데, 이 경우 아래에서 설명하는 일반채용 시험에 포함된 외국어들을 제외한 아랍어, 말레이·인도네시아어, 태국어, 베트남어, 미얀마어, 힌디어, 중앙아시아어, 이탈리아어, 포르투갈어 등이 포함된다.

▲ 5-9급 공무원 시험 대상 외국어(영어, 독어, 프랑스어, 러시아어, 중국어, 일본어, 스페인어 등)를 기억하자.

모든 5급 고시와 7-9급 일반 채용 시험에서 영어는 필수이며, 7급 외무영사직, 행정고시의 국제통상직, 외무고시에서는 독어, 불어, 러시아어, 중국어, 일본어, 스페인어가 선택과목으로 포함돼 있다.

2) 전공자들의 해외진출 현황을 확인하자.

외국어 전공자들에게 가장 유리하고, 잔망이 밝은 근무 분야의 하나가 해외지사 근무다. 무엇 보다 해외 근무를 통해 글로벌 인재가 갖춰야 할 덕목들, 이를 테면 외국어의 중요성에 대한 이해, 이질적 문화와 풍습을 가진 사람들과 상호 존중과 관용을 통해 협력과 공익을 추구하는 지혜와 마인드를 일찍부터 터득할 수 있기 때문이다. 이렇게 연마한 글로벌 덕목들은 글로벌 인재로서 남들 보다 앞서 가는 데 있어 평생 귀중한 지적 자산이 된다. 더구나, 최근들어 국내에서 취업 기회가 급격히 감소하고 청년 실업율이 증가하는 상황에서 해외 취업은 귀중한 돌파구가 될 수 있다.

외국어 전공자들은 이와 같이 다측면적 의미를 지니고 있는 해외 취업 기회에 보다 많은 관심을 갖고 적극 모색해 볼 필요가 있다. 따라서, 제 2외국어 선택을 할 때는 전공 졸업생들의 해외 진출 현황을 파악하여 참조할 것을 권유한다. 또한, 이 부분을 평가할 때는 절대 평가 방법 보다는 상대평가 방법을 적용해야 한다. 단순한 해외취업자의 숫자 보다 전체 졸업생 중에서 해외 취업자의 수가 차지하는 퍼센티지를 살펴봐야 한다.

▲ 중동 · 서남아, 동남아, 중앙아시아 진출 기회 증가에 주목하자

각 대학 외국어 관련 학과들의 취업 통계자료 가운데, 전공 외국어 실력을 활용하여 해외에 취업한 졸업생들의 수를 확인해 보는 것이 중요하다. 일례로, 부산외대 말레이·인도네시아어, 태국어, 베트남어, 힌디어, 아랍어, 미얀마어, 중앙아시아어 학과 등은 25여 년의

짧은 기간 동안 수 백 명의 졸업생을 현지로 취업시키는 괄목한 만한 성과를 거두고 있다. 단연, 졸업생 수 대비 해외취업률 면에서 전국 대학 학과들 가운데 압도적으로 앞서 있다.

3) 우리나라와의 교역 규모나 교류 실태를 살펴보자.

제 2외국어전공자들은 졸업 후 해외 취업이나, 혹은 국내에서 해외 관련 업무를 희망하게 된다. 어떤 경우든, 우리나라와 교역 규모가 크고, 외교, 문화, 과학 기술 등의 면에서 교류가 활발한 나라의 외국어를 선택하는 것이 취업에 유리하다. 우리나라에서 가장 선호되는 외국어의 랭킹이 영어, 중국어, 일본어의 순서로 정해지는 것도 이러한 현실을 반영하는 것이라고 볼 수 있다. 참고로 현재 우리나라의 주요 교역국들은 중국, 미국, 일본, 홍콩, 싱가포르, 대만, 독일, 러시아, 멕시코, 인도, 인도네시아, 사우디, UAE, 호주, 독일, 카타르, 쿠웨이트 등이다.

4) 희소성이 크면서 수요가 큰 특수외국어를 선택하자.

영어 등 주요 외국어들은 수요도 많지만, 동시에 공급도 그 만큼 많아 취업기회 등을 둘러싸고 전공자 간 경쟁이 치열하다. 주목해야 할 점은 경쟁이 치열하면 할수록 역설적으로 승자에게 돌아가는 혜택과 영광은 크지만, 반대로 패자가 치르는 대가는 가혹하다. 실력이 뛰어난 소수의 사람들은 특별한 대우를 보장받을 수 있지만, 그렇지 못한 사람들은 설 자리 조차 찾기가 힘들기 때문이다. 승자가 모든 기회를 독식하는 이른바, 'Winner takes all(승자 독식)'법칙이 적나라하게 작용하는 분야다.

반면에, 희소성이 큰 특수외국어의 경우, 전공자의 수가 적다 보니, 고용시장에서 어느 정도의 수요만 발생해도 스카웃될 가능성이 크진다. 예를 들어, 인도네시아, 베트남, 태국, 미얀마어, 아랍어, 중앙아시아어, 힌디어 등은 전공자가 많지 않은 반면에, 이들 국가들은 지리적으로 가깝고, 산업용 원자재가 풍부하며, 양질의 저렴한 노동력을 보유하고 있어, 알려진 것 이상으로 우리나라 기업들의 진

인도네시아의 첫 여성대통령, 메가와띠와 저자(2002)

출이 활발하고, 교역 규모 역시 많다. 이로 인해, 역시 예상외로 많은 기업들이 현지 지사에 근무하거나 국내에서 이들 국가와 관련된 업무를 담당할 현지어 능통자들을 매년 상당 수 채용하고 있다. 해외근무는 급료나 기타 수당 면서 국내 근무 보다 월등히 높고, 언급한 바와 같이 국제적 감각과 마인드를 기를 수 있는 등 부수적인 장점이 많은 만큼, 특수외국어 능통자들에게는 매력적인 진출 대상이다.

5) 우리나라와의 협력 가능성을 따져 보자.

▲ 글로벌 경제의 성장주도 국가들(Emerging Nations)을 주목하라.

제 2외국어 선택을 할 때, 각 국가들의 경제 발전 가능성을 면밀히 관찰해야 한다. 발전 가능성이 큰 국가들이라야 우리나라와의 교류 가능성도 크기 때문이다. 이런 관점에서 중국, 인도, 브라질, 인도네시아, 러시아 등 성장 주도국가들의 경제 성장 추이를 지켜 봐야 한다.

▲ 우리 정부의 외교 및 통상정책을 모니터링 하자.

우리나라의 외교 통상정책 기조도 주목해야 한다. 예를 들어, 최근 MB 정부가 강력히 추진하고 있는 에너지 자원외교, 원자력플랜트 및 군수 물자 수출 전략 등도 주목할 필요가 있다. 이들 정책의 결과로 인해 우리 기업들의 해외진출이 영향을 받기 때문이다. MB정부는 에너지자원이 풍부하고, 원전 건설 계획이 있는 중동, 중앙아시아, 아프리카 진출에 강력히 드라이브를 걸고 있다. 일례로서, 2010년 우리나라의 한국전력컨소시엄(KEPCO Consortium)이 UAE에서 대규모의 원전 건설 프로젝트를 수주하여 제 2의 중동 붐이 기대되며, 이로 인해 아랍어 전공자들의 취업 기회 증대가 예상된다.

6) 사용인구의 규모도 감안하자.

지구 상에 존재하는 약 6,500여 종류의 언어 가운데, 사용 인구 면에서 톱 10에 들어가는 언어는 중국(1300백만), 영어(430백만), 스페인어(270백만), 말레이·인도네시아어 (270백만), 힌디어(200백만), 아랍어(180백만), 포르투갈어(165백만), 러시아어(160백만), 일본어(125백만), 독일어(120백만) 등이다. 참고로 주요 외국어의 사용 지역, 사용 인구, 랭킹을 살펴보면 다음과 같다(자료 출처: Wikipedia).

▲ 영어 – 모국어로 사용하는 인구: 390~400백만, 제2외국어로 사용하는 인구: 199~1,400백만, 총 사용인구: 500백만~18억, 공식 언어로 채택한 국가 및 국제기구: 미국, 영국, 호주, 뉴질랜드 등 53개국, UN, EU, NATO, Commonwealth of Nations 외.

▲ 중국어 – 총 사용 인구: 약 13억, 공식 언어 채택국가 및 국제기구: 중

국, 대만, 홍콩, 싱가포르, UN 등.

▲ 스페인어 – 총 사용 인구: 약 500백만(모국어 및 제 2외국어로 사용하는 인구 포함), 공식 언어 채택 국가 및 국제기구 수: 스페인 등 21개 국가, UN, EU, Organization of American States 외.

▲ 독일어 – 모국어로 사용하는 인구: 105백만, 제 2외국어로 사용하는 인구: 80백만, 공식 언어로 채택한 국가 및 국제기구: 독일, 오스트리아, 벨기에, 룩셈부르크, 이태리의 Bolzano–Bozen 주, 스위스, EU 등, 기타 통용 지역: 체코, 헝가리, 나미비아, 루마니아, 슬로바키아, 폴란드 등.

▲ 아랍어 – 모국어로 사용하는 인구: 280백만, 제 2외국어로 사용하는 인구: 250백만, 공식 언어로 채택한 국가 및 국제기구: 알제리, 바레인, 이집트, 일크, 사우디아라비아, UAE 등 25개국, UN, OIC, African Union 외.

▲ 포르투갈어 – 모국어로 사용 인구: 120백만, 총 사용 인구: 240백만, 공식 언어로 채택한 국가 및 국제기구: 앙골라, 포르투갈, 브라질, 동티모르, 모잠비크 등 10개국, African Union, EU 외.

▲ 프랑스어 – 모국어로 사용하는 인구: 110백만, 총 사용 인구: 약 5억, 공식 언어로 채택한 국가 및 국제기구 수: 벨기에, 카메룬, 캐나다, 콩고, 스위스 등 28개국, UN 외.

▲ 힌디어 – 인도의 공식 언어로서 Mumbai, Culcutta, Hyderabad 등에서 주로 사용되며, 인도 내에서 약 350백만이 모어로 사용하고 있고, 약 400백만이 제 2언어로 사용.

▲ 말레이 · 인도네시아어 – 모국어로 사용하는 인구: 260백만, 공식 언어로 채택한 국가: 인도네시아, 말레이시아, 브루나이, 싱가포르, 동티모르(Working language).

7) 배우기 쉬운 외국어를 선택하자.

인간은 주어진 시간과 자원, 그리고 에너지를 갖고 살기 때문에, 외국어를 선택할 때도 경제 원칙을 적용할 수 밖에 없다. 가급적 적은 노력과 시간을 투자하여 가장 효과적으로 배워 사용할 수 있는 외국어를 선택해야 한다. 한국인들에게는 한자 권에 속하는 일본어나 중국어를 배우는 것이 상대적으로 쉬우며, 반대로 영어권 사람들은 같은 게르만 언어인 독일어, 프랑스어, 이탈리아어, 스페인어 등을 배우는 것이 유리하다. 언어에는 문화나 생활 풍습 등이 용해돼 있기 때문에, 같은 문화권에 속하는 언어들을 선택하여 배우면, 철자, 어휘, 문법 등 언어의 여러 면에서 유사점이 많기 때문에 배우는데 심리적 부담이 적고, 이해가 쉽다. 그런 면에서 우리나라 사람들은 일본어나 중국어를 공부하는 경우, 최소의 노력으로 최대의 효과를 거둘 수 있다. 그리고, 우리나라 사람이라도 영어 수준이 높은 사람들은 그렇지 못한 사람들에 비해 게르만 계통의 언어인 독일어는 물론 프랑스어, 스페인어, 이태리어 등 다른 서구 권 언어를 배우는데 유리할 것이다.

그러나 아무리 쉬운 외국어라고 해도 쉽게 정복할 수 있는 외국어는 하나도 존재하지 않는다. 상대적 관점에서 일부 외국어가 다른 외국어들에 비해 다소 쉽다는 의미일 뿐, 절대적으로 쉬운 외국어는 없다. 아무리 쉬운 외국어라고 해도 기본적으로 느낌과 감정을 나타내는 무수한 형용사, 모든 사물과 현상을 지칭하는 명사와 용어들, 움직임을 표현하는 동사, 그리고 단어와 단어를 연결하는데 필수적인 전치사 등이 예외없이 존재하며, 나아가 문법, 듣기, 작문 등의 부문에서 공부해야할 내용이 엄청나게 많기 때문이다. 일반적으로 산업과 경제, 과학과 기술, 문화와 예술이 발달한 나라일수록 그에 따라 많은 어휘들이 추가적으로 발달하고, 문법도 엄격히 적용하는 경향이 있어, 선진국의 언어 일수록 학습 양이 많고, 높은 강도의 노력이 필요하다.

허바드 주한미국 대사와 저자(2003)

12. 제 2외국어와 영어의 불가분의 관계

오늘날의 글로벌 인재들이 갖춰야할 외국어 능력으로서 영어 하나는 부족하며, 최소한 2개 이상의 외국어 구사능력을 갖춰야 한다. 영어가 국제 공용어로 인정받고 있지만, 실제로 영어를 구사할 수 있는 사람의 비율은 전체 인류의 약 1/7에 불과하다. 또한, 비영어권에서는 영어 보다 현지어로 소통할 때 훨씬 커뮤니케이션 효과가 크기 때문에, 제 2외국어의 필요성은 지속적으로 증대되고 있다. 실제 사회생활에서 영어와 제 2외국어를 동시에 구사할 수 있는 능력을 갖춘 사람들은 한 가지만 구사할 수 있는 사람들에 비해 보다 폭넓고 중요한 역할을 수행하게 되고, 승진과 대우 면에서 상대적으로 유리한 입장에 놓이게 된다. 예를 들어, 제 2외국어(특수외국어 포함)에 유창하지만 영어실력이 뒤지는 경우, 제 2외국어 실력조차 빛을 잃게 되며, 반대로 영어가 유창하지만 제 2외국어 구사능력이 없는 경우, 영어와 제 2외국어에 동시에 능통한 사람들에게 경쟁력 면에서 필연적으로 뒤지게 된다.

1) 제2 외국어 하나로는 대박을 터뜨리기가 어렵다

▲ 제 2외국어 실력을 정확히 평가해 줄 사람들이 드물다.

자신의 실력을 알아 줄 수 있는 사람이 없다는 현실은 제 2외국어 능통자들에게는 가장 실망스럽고, 의욕을 감소시키는 요인이다. 각고의 노력 끝에 상당한 수준의 제 2외국어 실력을 갖추고, 실제로 관련 지역과의 업무 분야에서 획기적인 기여를 할 수 있지만, CEO와 같은 인사결정권자들이 이들의 제 2외국어 실력을 정확히 평가할 수 있는 지식을 갖지 못하고 있어, 제 2외국어 능통자들은 승진 등 인사에서 정당한 평가를 받지 못하는 경우가 흔하다.

▲ 지식인으로 인정받기가 힘들다.

우리 사회에는 영어를 못하면 아무리 제 2 외국어에 능통해도 엘리트로 인정을 하지 않으려는 비합리적 편견이 존재한다. 강대국 언어에 대한 일종의 사대주의 의식이다. 특히 이러한 편견은 지식인 사회에서 두드러지게 나타난다. 해방 이후 우리 사회의 지도층을 형성하고 있는 기득권 세력의 대부분이 미국에서 유학을 하였고 영어에 능통한 사람들이었기 때문에 이러한 편견이 유래한 것으로 추측된다. 아무튼 이러한 편견의 벽은 높으며, 현실적으로 제 2외국어 능통자들이 우리사회에서 이러한 편견을 깨뜨리고 지식인으로 인정받기 위해서는 스스로 영어를 유창하게 구사할 수 있는 능력을 동시에 갖춰야 한다.

▲ 영어가 능통치 못하면 역할이 제한된다.

예를 들어, 서울에서 '인도네시아 문제에 관한 국제 세미나(An Int'l Seminar on Indonesian Issues)'가 열린다고 가정할 때, 이러한 기회에서 조차 인도네시아어 능통자들은 역할을 찾기가 힘들다. 세미나에 참석하는 사람들의 대부분이 인도네시아어를 이해하지 못하기 때문에, 불가피하게 모든 발표와 토론이 영어로 진행될 수 밖에 없기 때문이다. 이러한 상황에서는 유창한 인도네시아 실력은 무용지물이되며, 세미나 주제에 관한 해박한 지식도 영어로 발표할 수 없을 경우 의미를 잃게 된다. 이와 같은 현실적 이유들로 인해, 제2외국어를 공부하는 사람들은 필히 영어를 함께 공부하여 상황에 따라 영어로도 역할을 할 수 있는 능력을 동시에 갖춰야 한다.

2) 영어 하나만으로는 글로벌 리더가 될 수 없다.

▲ 영어를 구사할 수 있는 사람들보다 못하는 사람들이 6배 더 많다.

앞서 언급한 바와 같이, 지구상의 약 70억 인류 가운데 영어를 공용어로 사용하는 인구는 약 10억에 불과하고, 나머지 60 여 억 인구는 영어 구사능력이 없거나, 매우 취약하다. 따라서, 전 지구를 무대로 활동해야하는 글로벌 인재들은 영어 구사 능력이 없는 절대 다수의 사람들과의 협력을 위해 영어와 함께 최소한 한 가지의 제 2외국어 구사능력을 갖춰야 한다.

▲ 영어 하나로는 역할이 제한된다.

앞에서 설명한 바와 같이, 제2외국어에 능통하지만 영어 구사 능력이 부족한 사람들이 다양한 한계를 경험하듯이, 영어에는 능통하지만, 제 2외국어 구사능력이 없는 사람들 역시 같은 한계를 경험하게 된다. 수적인 면에서 압도적으로 많은 비영어권 주민들과 대화를 할 때, 영어의 효율성이 크게 떨어지기 때문이다. 반면에 이들과 외

한-미친선에 기여한 공로로 주한미군사령관으로부터
Good Neighbor 상을 수상(2003)

국인이 현지어로 대화를 하는 경우, 현지인들은 더욱 친밀감을 보이며 마음을 빨리 열게 되기 때문에, 커뮤니케이션이 효율적으로 이뤄지고, 신속히 합의를 도출할 수 있다. 최근들어 정부나 기업들도 직원을 선발할 때 이러한 점을 반영하여 현지어 능통자의 선발을 늘리고 있다.

이와 같이 영어와 제2 외국어는 글로벌 시대의 지식인들이 하나의 세트(Set)로 갖춰야 할 불가분의 지식들이며, 둘 가운데 어느 하나가 다른 것에 비해 더 중요하거나 덜 중요하다고 구분할 수 없을 정도로 동등하게 중요하다. 영어와 제 2 외국어를 함께 구사하는 경우, 두 외국어 모두 가치가 크게 높아지는 시너지 효과가 발휘된다는 점도 주목해야 한다.

13. 모국어 공부와 외국어 공부 방법의 차이

1) 모국어는 회화식으로 배운다.

우선, 외국어 공부 방법은 모국어를 배울 때와는 달라야 한다는 점을 강조하고자 한다. 아기가 모국어를 배울 때는 처음에는 단어들을 엄마로부터 배우고, 이어서 단어들을 연결한 문장들을 하나, 하나씩 따라 소리내며, 회화 식으로 배우게 된다. 그러나, 외국어를 배울 때는 한국어를 가르쳐 주는 엄마와 같은 존재가 없다. 따라서, 회화 식으로 배우는 것은 원천적으로 불가능하다. 또한, 어머니들은 형식상으로는 회화 식으로 한국어를 가르치지만, 실제로는 문법공부를 함께 가르치고 있다. 아이가 문법에 맞지 않게 단어의 어순 배열을 잘못하거나, 조사 등을 부적절하게 사용하면, 수시로 수정해 주며 가르치기 때문이다. 다시 말해, 순전히 회화 식 방식이 아니라, 사실은 문법도 병행하여 가르치는 것이다.

2) 외국어는 교재 중심으로 배울 수 밖에 없다.

언급한 대로 모국어를 배울 때는 아기 옆에 24시간 함께 지내며, 조사(助辭) 하나 하나 까지 세밀히 지도해 주며 교사 역할을 하는 엄마의 존재가 있지만, 외국어를 배울 때는 그렇지 못하기 때문에 교재 위주의 수업이 불가피하다. 물론, 학교에 선생님이 있지만, 모국어를 배울 때의 엄마와 같이 물리적으로 집중적이고 강도 높은 교육을 해 줄 수 없을 뿐 아니라, 교사들의 외국어 실력이 엄마들의 모국어 실력 수준에 미치지 못한다. 결과적으로 문법책을 비롯한 각종 교재와 시청각 자료를 활용할 수 밖에 없다. 외국어 공부에서는 독해나 문법 공부가 회화 공부보다 먼저 이뤄져야 한다는 문제는 과학적 근거에 의한 것이라기 보다, 이와 같은 불가피한 학습 현실에서 기인하는 측면이 크다.

3) 우리 두뇌는 모국어 모드에 맞춰져 있다.

저자의 경험에 의하면, 인간의 뇌는, 특히 언어를 관장하는 뇌는 가장 먼저 받아들이는 모국어에 일차적으로 모든 기능 모드(Mode)가 맞춰지는 것으로 보인다. 따라서, 모국어 다음으로 배우는 외국어들에 대한 지식이 들어오면, 일단 본능적으로 이미 저장된 모국어에 대한 지식들, 예를 들면, 문법, 어휘 등과 비교하며 받아들이게 된다고 본다. 그리고, 우리의 뇌는 외국어 사이에도 서열을 정하여 관리하는 것 같다. 모국어를 포함하여 영어, 인도네시아어 등의 순서로 3개국어를 공부한다고 가정하면, 모국어 다음으로 열심히 한 영어가 서열 2위를 차지하게 되고, 그 다음으로 잘 하는 외국어가 3위가 된다. 그리고, 서열 2위의 영어가 서열 1위인 모국어와 비교되면서 구사되듯이, 서열 3위의 인도네시아어는 서열 1위의 모국어는 물론, 2위의 영어와 동시에 비교되면서 구사된다. 이러한 경험은 복수의 외국어를 구사하는 사람들의 경우 누구나 흔히 느끼게 된다.

저자의 경우, 인도네시아로 이야기를 하다가 갑자기 영어로 바꿔 하려고 하면, 금방 영어가 잘 나오지 않는 것을 자주 경험한다. 뇌가 인도네시아에서 영어로 모드를 전환하는데 시간을 필요로 하기 때문이라고 본다. 영어 사용을 명령하는 순간부터 뇌는 인도네시아어와 영어 사이의 차이점을 떠 올리면서 서서히 인도네시아어 모드에서 영어 모드로 전환을 시작하는 것이다.

14. 외국어 공부의 영역들

외국어 공부의 영역은 매우 광범위하고 다양하다. 일반적으로 단어, 숙어, 회화, 듣기, 독해, 문법, 작문, 스피치 등으로 구성되며, 본 장에서는 이들 각 부문들이 외국어 공부에서 차지하는 의미와 함께 학습방법을 살펴보자.

1) 문법

가. 문법은 모든 언어 학습 영역의 상류 부문(Up-stream)이다

모든 언어에는 문법이 있고, 문법은 언어 학습 영역 가운데 상류 부문(Up-stream)에 위치한다. 언어를 건축에 비유한다면, 문법은 골격에 해당한다고 볼 수 있다. 대부분의 외국어에서 문법 공부의 주요 내용은 유사하다. 분사, 관계사, 접속사, 조동사, 동명사 등의 기능을 익혀야 하고, 가정법, 수동태, 부정사, 시제 등의 용법을 공부해야 한다. 이들에 대한 종합적이고, 체계적인 지식이 없는 경우, 효율적이고 정확한 독해, 작문, 회화는 물론, 리스닝에 이르기 까지 모든 외국어 학습의 영역에서 발전이 제약받게 된다. 외국어 학습의 수준이 높아갈 수록 문법 공부가 튼튼히 된 사람과 그렇지 않은 사람 간에는 학습 발전의 격차가 더욱 크게 벌어지게 된다.

나. 외국어 공부의 출발점이 문법이다.

문법 공부는 독해, 회화, 작문, 듣기 영역의 기초가 되기 때문에, 가장 먼저 선행돼야 한다. 많은 사람들이 외국어 공부를 할 때, 문법 공부보다 회화를 먼저 배워야 한다고 주장하며, 그 이유로서 아기들이 엄마로부터 한국말을 배우는 방식을 근거로 내 세운다. 그러나 앞에서 설명한 대로 모국어를 배울 때와 외국어를 공부할 때는 학습 환경과 두뇌의 반응이 다르기 때문에, 방법이 다를 수 밖에 없다. 결국 외국어는 교재 중심으로, 그리고 문법 공부부터 시작할 수 밖에

외교통상부 자문위원 시절 반기문 당시 장관과 함께 (2005. 외교부 청사)

없다.

다. 풍부한 예문을 담고 있는 문법책을 선택하자.

문법 공부는 훌륭한 교재의 선택에서 시작된다. 최적의 교재 선택을 위해서는 선생님이나 선배들의 추천을 받는 것이 바람직하다. 훌륭한 문법 교재가 갖춰야 할 가장 중요한 조건은 다양하고 풍부한 예문을 담고 있는 것이다. 예문의 양을 살펴서 선택할 것을 권한다. 문법이든 어휘든 한 두 개의 예문으로 용법을 충분히 익히는 것은 불가능하기 때문에, 풍부하고 다양한 예문을 제시해 주는 교재가 학습에 더 많이 도움이 된다. 실제로 수많은 어휘들이 10 여 가지 이상의 다양한 의미로 사용되기 때문에, 예문의 수도 그에 비례하여 충분해야 하며, 이와 같이 다양한 의미와 용법을 익히는 데는 수십 번의 반복 학습이 동시에 요구된다. 그리고 일단 내용이 충실한 문법 교재를 선택했으면, 교재를 자주 바꾸는 것 보다 같은 교재를 오래 반복해서 복습하는 것이 바람직하다. 문법 공부 역시 한, 두 번으로 완벽하게 정복되지 않기 때문이다.

라. 문법의 정복에 지나친 집착을 버리자.

문법 공부가 중요하지만, 지나치게 오래 문법 공부에만 매달리는 것은 바람직하지 않다. 어차피 마스트하기란 쉽지 않을 뿐 아니라,

어느 수준에 도달하면 그 다음 부터는 학습효과가 떨어지고, 의욕도 감소하기 때문이다. 영어의 경우를 일례로 들면, 문법의 영역인 품사의 종류와 용법, 문형, 어순, 시제, 태, 접속사, 관계대명사, to 부정사, 가정법 등에 대해 1-2년 정도 집중적으로 공부를 한 뒤부터는 독해, 작문, 회화 공부를 하면서 문법적으로 이해가 되지 않는 부분들에 대해 그 때 그때 문법책을 참조하여 보완해 가는 방식이 바람직하다.

2) 어휘

가. 어휘의 정의와 특성

▲ 어휘는 풍요롭고 아름다운 언어 생활을 위한 윤활유와 같다.

일반적으로 어휘라 함은 단어와 숙어를 총칭한다. 문법이 건축물에서 골격이라면, 어휘는 그 골격에 덧붙여 그 건축물의 기능성과 심미성을 더 해주는 각종 인테리어와 소품들과 같은 요소들이다. 어휘능력이 풍부할수록 그만큼, 언어생활은 전체적으로 더욱 아름답고 풍요롭게 된다. 그리고, 독해나 회화를 할 때, 최소한 70-80% 정도의 어휘를 알지 못하면, 그 의미를 이해할 수 없을 만큼 어휘는 어학에서 중요한 비중을 차지한다. 따라서, 회화나 독해 교재는 자신의 어휘실력에 맞춰서 선택하고, 단계적으로 실력 향상에 따라 교재 수준을 높여 가야 한다.

▲ 개별 어휘의 다양한 용법을 세심히 공부하자.

어휘력을 효과적으로 기르기 위해서는 어휘들의 사전적 의미들을 많이 아는 것도 중요하지만, 실제 독해나 작문, 회화에서 활용하는 능력을 기르는 것이 무엇 보다 중요하다. 하나의 단어가 수많은 다른 의미들로 사용되는 경우가 많기 때문에, 단어의 의미들을 폭넓게 익히지 않는 경우, 문맥에 따라 변화하는 의미들을 두루 정확히 해석할 수 없다. 동사의 경우, 함께 사용되는 전치사의 종류에 따라 의미가 현저히 변화하는 경우가 비일비재한 만큼, 세심하고 정확히 공부하지 않으면 안 된다. 따라서, 다양한 예문을 통해 익히는 것이 필요하다.

나. 어휘의 종류

어휘에는 글로벌 시대의 시민으로서 교양과 상식 수준에서 사용되는 기본어휘들과 직업 혹은, 전공 차원에서 구사되는 전문 어휘들로 나눌 수 있다.

▲ 기본 어휘들은 현지교과서 공부를 통해 익히자 .

기본 어휘들은 일상생활에 필요한 어휘들이며, 가장 중요한 어휘들이라고 볼 수 있다. 이들 어휘를 배우는 데 가장 효과적인 방법은 영어의 경우 미국, 영국 등 영어권 국가의 초·중등 교과서를 독서하는 것이다. 제 2외국어 역시 같은 방법을 응용하면 된다. 초-중등 교과서는 어느 나라의 것이든 시민들이 일상생활에서 필요로 하는 기본 상식과 지식, 그리고 이들을 표현하는데 필요한 어휘들을 다루고 있기 때문이다.

흔히 영어권에 대학이나 대학원 과정에서 5~6 년 씩 장기 유학을 한 사람들도 생활 영어, 일명 유치원 영어에는 취약한 경우가 많다. 그러나, 외국에서 초·중등학교를 다닌 경우는 사회, 수학, 과학, 예능 등 과목을 통해 기본 어휘들을 익힐 기회가 많아, 대학이나 대학원 과정만 유학한 사람들에 비해 영어를 쉽고 자연스럽게 구사하는 것을 볼 수 있다. 실제로 국내에서 학부를 졸업한 뒤, 대학원 과정으로 유학 간 사람들 가운데는 초중등 교재를 사용하여 별도로 기본 어휘에 대한 공부를 하는 사람들이 많다.

스위스 다보스 세계경제포럼(WEF)를 참관중인 한국 정치학회 회장단(2005.2)

▲ 전공관련 어휘력은 대학 전공 서적을 통해 향상시키자.

본서에서는 '외국어 중심의 3중 융합전공'을 설명하면서, 글로벌 시대의 젊은이들은 2 가지 이상의 외국어와 함께 비외국어 분야 전공 하나를 필수적으로 더 공부해야 한다는 점을 강조한 바 있다. 결국 우리가 지향하는 글로벌 시대의 인재는 "비외국어 분야의 지식이나 기술, 기능"을 영어를 포함하여 최소 2 개 국어로 원활하게 표현할 수 있는 사람이라고 정의해 볼 때, 대학부터는 자신이 공부하는 비외국어 전공 관련 어휘 학습에 노력을 집중해야 한다. 자신의 비외국어 전공 분야에서 폭넓고 심도있는 의견 교환과 토론에 필요한 어휘 실력을 갖춰야 하기 때문이다.

예를 들어, 상경 계열을 전공하는 학생들은 국제 비지니스에 사용되는 다양한 전문 용어(terminology)들을 충분히 익혀야, 졸업 후 회사 생활을 할 때 외국 클라이언트(Client)들과 원활한 비즈니스 상담을 할 수 있다. 실제 특정한 전문 분야에서의 토론이나 대화는 거의 전문용어의 연속, 혹은 나열이라고 할 수 있기 때문에, 심지어는 어휘나 문법 지식이 뒤지더라도 전문 용어지식만 풍부하면 상당 수준 소통이 가능하다.

▲ 엔지니어들도 통역 없이 외국인과 상담할 수 있어야 한다.

10 여 년 전까지 만해도 이공계 출신자들은 외국어를 잘 못해도 아무런 흠이 되지 않았다. 예를 들어, 건설 회사의 경우, 해외에서 건

설 프로젝트 발주를 위해 외국 커스트머(Customer)들이 회사를 방문하면, 엔지니어와 통역 사원이 함께 상담에 참석하였다. 외국어에 능통한 기술직 사원이 부족했기 때문이었지만, 이로 인해 상담 시간이 길어지고, 기술 분야에 대한 통역자의 제한된 지식으로 인해 정확한 의사전달이 이뤄지지 않는 등의 비효율성이 대두되었다.

그러나 사회 전반의 외국어 실력이 급격히 향상된 요즘은 엔지니어들이 통역 없이 직접 외국 바이어들과 상담하는 것이 일반적인 현실이 되었다. 따라서, 이공계열 학생들도 이러한 추세에서 부응하여 업무 수행에 필요한 외국어 실력을 필수적으로 갖춰야 한다.

▲ 어원과 접사 공부가 어휘력 향상에 크게 기여한다.

우리가 생각하는 것보다 많은 어원(Origin of words)과 접사(Affixes)가 언어들에는 사용되고 있다. 이들을 먼저 공부하지 않고 어휘공부를 시작하는 것은 매우 비효율적인 방법이다. 유감스럽게도 우리나라의 외국어 교육에서 간과되는 부분이다. 어원과 접사를 알고 어휘를 익히는 것과 모르고 익히는 것 사이에는 학습 효과 면에서 현저한 차이가 있다. 영어의 경우를 예를 들면, 'guillotine(단두대)'의 어원은 루이 16세를 처단한 단두대를 만든 사람의 이름(Guillotine)에서 유래했는데, 이런 사실을 알고 외우면 더욱 재미나고 오래 그 의미를 기억할 수 있다.

또한, 접사와 관련하여 하나의 예를 들면, 'unexpectedly(예상치 않게)'라는 단어를 익힐 때, 이 단어를 그냥 12개의 스펠을 가진 하나의 단어로 외우는 것 보다, 접사에 대한 지식을 응용하여 익히면 훨씬 효과적이고 오래 기억된다. 'unexpectedly'를 접사를 중심으로 분해해 보면, 'un(반대말을 만드는 접두사)', 'expect(기대하다, 라는 의미의 동사)', 'ed(동사의 과거, 과거분사를 의미하거나, 동사의 행위 결과로 나타난 상태 혹은 특징을 의미)', 'ly(부사를 만드는 접미사)'의 4 부분(형태소)으로 구성돼 있다는 것을 알 수 있다. 이 단어에서 사용된 접사들(un, ed, ly)은 다른 어휘들에서 도 항상 동일한 의미로 사용되기 때문에, 한 번 익힌 경우 다른 어휘들을 공부할 때도 도움이 된다. 최근에 이러한 어원과 접사들만을 별도로 다룬 서적들이 많이 출간돼 있음으로 이들 책자들을 이용하여 공부할 것을 권유한다.

다. 얼마나 많은 어휘를 알아야 할까?

어휘는 많이 알면 알수록 풍요롭고 편리한 언어생활을 할 수 있다. 그러나, 누차 언급한대로 단순히 많은 수의 개별 어휘의 뜻을 알고 있는 것이 중요한 것이 아니고, 어휘들을 언어생활에서 정확히 활용할 수 있는 능력이 더욱 중요하다. 특히, 동사의 경우 뒤에 전치사나 명사를 동반하여 숙어를 형성하는 경우, 단독으로 사용될 때와는 크게 의미가 변하기 때문에, 광범위한 숙어 공부를 통해 동사의 활용 능력을 확대해 가야 한다.

▲ 선진국 언어일수록 어휘의 수가 많다.

누구나 많은 어휘를 아는 것이 희망 사항이지만, 현실적으로 외국어 공부에만 전념할 수 없기 때문에, 희망(Desire)과 현실(Reality) 사이에서 상당한 갭(Gap)을 발견하게 된다. 그럼에도 누구나 자신의 경쟁력 있는 직업 생활을 위해 혹은, 교양 생활을 위해 얼마만큼의 어휘를 구사할 수 있어야 하는지에 대해 관심을 갖지 않을 수 없다. 만약, 직업상 외국어가 필요한 경우라면, 전문 서적을 읽어 내용을 깊이 있게 이해하고, 직업상 발생하는 제반 문제들을 상대방과 외국어로 원활히 소통할 수 있는 수준이 돼야 할 것이다.

이러한 수준에 도달하는 데 필요한 어휘의 수량은 외국어마다 다소 다를 수 있다. 각 외국어 마다 어휘의 수량이 다르기 때문이다. 영어처럼 어휘 수가 많은 언어가 있는 반면, 일반적으로 개도국의 언어들은 어휘의 수가 상대적으로 적다. 흔히 언어학자들은 '한 언어의 발달 수준, 특히 어휘의 발달 수준은 그 사회의 발달 수준과 함수관계를 지닌다.'고 한다. 경제 사회 과학 기술이 발달하면서, 각 영역에서 새로운 용어들이 생겨나게 되고, 이들이 언어에 투입요인(In-put)으로 작용하기 때문이다.

▲ 우리나라 중학생은1,500 , 고교생은 4천 , 대학생은 1만여 개의 영어 단어를 알아야.

일반적으로 필요한 외국어 어휘의 양은 외국어의 종류, 배우는 사람의 나이와 직업 등에 따라 달라진다. 참고로, 전문가들은 우리나라의 학생들이 상위권의 영어 실력을 유지하기 위해서는 중학생은 1,500 여 개, 고등학생은 4 천 여 개, 대학생은 1만 여 개를 알아야 한다고 한다. 그리고, 미국의 수능시험인 SAT와 대학원 시험인 GRE에서 고득점을 얻으려면 적어도 1만 5천- 2만 여 개를 알아야 한다고 한다.

▲ 미국의 초등학생은 5천여 개, 대졸 성인은 10만 여개의 단어를 구사한다.

미국인들의 경우, 초등학생들이 평균 5천여 개, 대졸 성인들의 경우 10만 여 개의 어휘를 구사할 수 있다고 하니, 미국에서 초중고를 다니지 않는 한, 우리나라 학생들이 이 엄청난 수준의 어휘력을 따라가기란 극히 어렵다.

▲ 미국의 자영업자는 최소 약 2천여 개의 어휘력 필요.

미국에서 비전문직 직업이나 자영업을 영위하기 위해서는 약 2천여 개 정도의 어휘가 필요하다고 한다. 따라서, 미국에서 생활하려면, 우선 최저 2천여 개의 어휘력에서부터 출발하여 계속 늘려 가야 할 것이다.

3) 발음과 리스닝

가. 개별 단어 못지않게 문장 전체의 인토네이션과 리듬에 익숙해야 한다.

단어의 발음(Pronunciation)과 엑센트(Accent)는 물론, 문장의 인토네이션(Intonation)은 사람과 지방에 따라 차이가 있고, 의문문, 보통문, 감탄문 등의 문장 종류에 따라, 그리고 연설, 토론, 항의, 설득, 성명문 발표 등 시츄에이션(Situation)에 따라 다르다. 따라서, 다양한 차원에서 리스닝(Listening) 훈련이 이뤄져야 한다.

발음은 외국어에 따라 난이도가 다르다. 스펠과 발음기호가 따로 있는 외국어도 있고, 발음기호 없이 스펠대로 발음하는 외국어도 있

부산인도네시아 명예총영사 재임 시 저자를 예방한
유도요노 인도네시아 대통령 내외(2005.11)

다. 영어와 같이 발음이 어려운 외국어의 경우, 발음이 그 만큼 중시되지만, 그래도 완전히 엉터리가 아니면, 심각한 문제가 되지는 않는다. 의미를 잘 전달하기 위해서는 개별 단어의 발음보다는 오히려 문장 전체 차원의 인토네이션과 리듬을 익히는 것이 중요하다.

한국어에서도 마찬가지지만, 강의나 세미나는 물론 일상 생활회화에서도 간단한 단문들 보다 관계대명사나 접속사, 분사, 전치사구 등에 의해 길게 이어지는 장문이 많이 사용된다. 따라서 계속 이어지는 문장의 부분 부분들을 놓치지 않고 끝까지 따라 가며 리스닝하기 위해서는 인토네이션, 문장의 리듬, 호흡에 적응하는 훈련을 쌓아야 한다. 원어민과 장시간 함께 공부할 수 없는 상황에서 가장 효과적인 방법은 CD, 테이프, 라디오, 위성 TV, 팟 캐스팅(Pod casting) 등 다양한 시청각 자료를 활용하여 스스로 열심히 연습하는 것이다.

나. 어휘력, 문법 지식이 없으면 귀는 뚫리지 않는다.

리스닝 능력 향상은 단계적이고 체계적으로 추구돼야 한다. "귀부터 뚫어라!"든지, "귀가 먼저 뚫려야 된다."는 등의 주장은 옳지 않다. 귀는 어휘력 범위 내에서 뚫린다. 초기에는 배우는 교재에 나오는 단어와 문장의 발음, 인토네이션에만 충실히 하는 것이 바람직하다, 아울러 외국어 공부에 있어 보다 중요한 부분이라고 할 수 있는 문법 기초를 보다 튼튼히 하고, 어휘력을 향상 시키는데 지속적으로 노력을 쏟아야 한다. 왜냐하면, 충분한 어휘력과 문장을 이해하는 문법 능력이 없는 상태에서는 아무리 리스닝을 해 보았자, 들리는 것은 소리 뿐이지, 문장이 될 수 없기 때문이다.

다. 실력 수준에 따라 리스닝 학습 자료도 달라야 한다.

어휘력도, 문법 지식도 제대로 갖춰지지 않은 초등학생에게 리스닝 연습을 시킨다는 구실로 CNN이나 BBC와 같은 영어 방송을 틀어 준다면, 효과를 기대할 수 있을 까? 결과는 극히 미미할 것이다. 반대로, 어휘나 문법 등 전반적인 부문에서 상당한 수준에 오른 사람이 리스닝 향상을 위해 수준이 낮은 테이프(혹은 테이프와 같은 기능을 하는 최신 IT도구들)를 계속해서 듣는다면, 역시 비효율적일 것이다. 따라서, 리스닝 연습은 수준에 따라 방법과 자료를 구분하여 실시해야 효과를 높일 수 있다.

▲ 초중등학생들은 교과서 내용을 CD나 MP3를 이용하여 반복하여 듣자.

일반적으로 초등학교나 중학생들은 리스닝 능력 훈련을 위해 공부하고 있는 교재에 딸린 CD를 직접 듣거나, 컴퓨터, 스마트 폰, MP3 등으로 옮겨 듣는 것이 효과적이다. 물론, 원어민 교사가 있는 경우는 원어민 교사가 교재에 나오는 단어와 어휘, 문장을 직접 육성으로 반복하여 들려주고 따라 하도록 하는 것이 최선이다.

▲ 고교 이상의 학생들은 Live TV시청을 생활화하자.

어휘와 문법 실력이 어느 정도 축적된 뒤부터는 외국 TV, 라디오, 영화 등으로 리스닝 학습 방법을 바꿔 가야 한다. 다음의 '바'에서 설명하는 바와 같이, 이 때 부터는 시간이 날 때 마다 수시로 Live TV, 혹은 팟 캐스팅, 스마트 폰을 이용한 리스닝 뿐 아니라, 어휘, 문법, 작문 등 다른 장르의 외국어 공부를 동시에 할 수 있다.

라. 한국식 콩글리시 발음을 부끄러워 말자

저자는 학자와 외교관으로서 국제 세미나나 회의에 자주 참가하였다. 이런 기회들에서 중국 대표는 중국식 친글리시(Chinglish), 인도 사람은 인도식 힌글리시(Hinglish), 일본 사람은 저팬글리시(Japanglish)로 하는 것을 일상적으로 접했다. 영어권 사람들이 아닌 경우, 듣는 사람들이 중시하는 것은, 전하고자 하는 내용이 명확한지(clear)의 여부이지, 발음이 좋고 나쁨이 아니다. 아무리 발음이 좋아도 메시지가 정확히 전달되지 않으면 의미가 없다. 저자의 주관적 견해일 수 있지만, 우리나라 사람의 영어로써 가장 이상적인 영어는 '발음은 콩글리시(Konglish) 식이고, 어휘 선정과 문법에서는 정확한 영어'라고 본다.

마. CNN만 듣지 말고 BBC, Australia TV, Arirang TV 등 다양한 외국어 매체를 접하자.

영어의 경우 미국, 영국, 호주, 싱가포르 등 지역에 따라 발음과 억양 면에서 다소 차이가 존재하지만, 리스닝에서 심각한 문제는 되지 않는다. 그러나, 처음에는 역시 약간의 혼란을 겪게 되기 때문에, 이를 극복하기 위해서는 각 나라의 TV를 다양하게 시청하는 것이 효과적인 방법이 된다. 예를 들어, CNN을 시청하면서 미국 식 발음과 억양을, BBC 방송을 통해 영국 식 발음과 억양을, Australia TV 시청을 통해 호주 식 발음과 억양을, Arirang TV를 통해 콩글리시 식 발음과 억양을 익히면 도움이 된다. 세미나나 국제회의에서 미국 사람의 영어는 이해하는 데, 영국인이나, 호주인, 한국인 영어는 이해하지 못한다면 그것도 문제가 되기 때문이다.

바. 정상 수준에 도달하면 리스닝이 주요한 학습 수단이 된다.

리스닝 실력 역시 몇 달 만에 해결되지 않는다. 누구나 유학을 가서 처음 1-2 년의 기간 동안, 그리고, CNN 등의 시청을 시작한 후 몇 년 동안, 내용 파악이 제대로 되지 않아 깊은 좌절을 겪게 된다. 그러나 이러한 좌절을 극복하고 지속적으로 공부하는 사람들은 결국 성공하게 된다. 그리고, 교재용 CD에 비해 Live TV나 Radio에서 나오는 화자의 말하는 속도, 인토네이션, 리듬, 단어와 단어 간 연음 등은 훨씬 난해하다. 일정한 수준에 오른 후 부터는 TV, Radio 같은 라이브 자료를 활용한 리스닝 연습을 꾸준히 하여 실제 생활에서 불편이 없는 수준으로 리스닝 실력을 향상시켜야 한다. 다행이 IT 기술의 발달로 인해 리스닝 훈련에 활용할 수 있는 도구가 과거의 TV, 라디오, 테이프, CD, MP3 등에서 스마트 폰, 팟 캐스팅, 스카이프(Skype) 등으로 다양화되어 장소에 구애받지 않고 편리하게 공부할 수 있게 되었다.

라이브 자료를 활용한 리스닝 연습은 외국어를 하는 한 평생 동안 쉬지 않고 해야 한다. 시간과 장소에 구애받지 말고 해야 한다. 걸으

남북화해의 상징으로 추진된 개성공단 소재 삼덕통상(주)
준공식에 참석한 인사들과 함께 (2005.11)

면서, 달리면서, 운전하면서 그리고 지하철과 버스 속에서, 피곤할 때는 침대에 누워서도 라디오나 TV, 스마트 폰 등을 켜 놓고 리스닝 연습을 해야 한다.

역설적으로 말하면, 외국어 공부는 어휘 공부와 리스닝 공부로 귀결된다고 할 수 있다. 리스닝 능력이 수준에 오른 뒤부터는 앞서 설명한 대로 책을 통하지 않고 리스닝을 통해 어휘와 문법 공부를 할 수 있게 된다. 이 때부터는 TV를 보거나, 라디오를 들을 때 항상 옆에 메모지와 사전을 준비해 두고, 훌륭한 문구나 새로운 단어 혹은 숙어가 들리면 메모하여 공부하면서 문법, 작문, 어휘, 스피킹 실력 연마에 응용해 가야 한다.

4) 독해

가. 모르는 어휘가 30% 이상이 되는 교재는 읽지 말자.

외국어 공부의 핵심의 하나는 어휘력이다. 어휘력이 부족하면 듣지도 읽지도 못한다. 전문가들은 문장에서 모르는 단어가 30%를 넘으면 정확한 의미 파악이 불가능한 반면, 70-80% 이상의 단어를 알면 원문의 해석이 원활하게 된다고 한다. 모르는 단어가 너무 많은 교재, 다시 말해 자신에게 너무 어려운 교재를 읽는 것은 외국어 공부에 대한 흥미를 떨어뜨릴 뿐 아니라, 학습효과도 낮기 때문에 지양해야 한다.

나. 원서 교재를 독해하는 테크닉을 익히자

누구나 외국어로 쓰여진 전공 원서나 시사 잡지를 처음 읽을 때는 내용 파악에 심한 어려움을 겪는다. 저자 역시 이러한 경험을 체험하였으며, 다음과 같은 단계적 노력을 거쳐 독해 능력을 길렀다.

▲ 첫번째 독해를 할 때는, 모르는 단어들을 개의치 말고 가볍게 전체 문장을 일독하며 독해가 되는 부분들을 중심으로 대략의 의미를 파악한다.

▲ 두번째 독해에서는, 한 줄 한 줄 읽으며 모르는 단어, 숙어를 찾아 정리한다.

▲ 세번째 독해에서는, 한 문장 한 문장 해석을 하면서, 특히 문단 별로 의미를 한글로 정리한다.

▲ 네번째 독해에서는, 앞 단계에서 정리된 문단 별 내용을 연결하여 전체 내용의 뜻을 한글로 정리한다.

▲ 다섯번째 독해에서는, 전체의 내용, 주제, 특히 감명 깊은 내용 등을 기억하면서 문장 하나 하나를 소리 내어 읽으며 암기한다.

▲ 여섯번째 단계에서는, 책을 덮고 암기한 문장 전체 텍스트를 처음부터 끝까지 낭독해 본다.

이와 같은 단계적 방법으로 원서를 읽으면, 내용이 보다 효과적으로 정리된다. 최근에는 독해 공부를 돕는 다양한 IT관련 학습도구들, 이를 테면 스마트 폰에 저장된 사전, Google Translate 등이 독해 공부에 도움을 주고 있다.

5) 작문

가. 작문 수준은 외국어 실력의 종합적 반영이다.

유학이나 취직 시험을 준비할 때, 제일 힘든 부분이 Writing 부분이다. 작문은 문법, 어휘, 독해, 회화 공부의 결정체이기 때문이다. 무엇 보다 문법과 어휘의 수준에 비례하여 작문 실력이 향상되는 것이다. 문법과 어휘 실력이 갖춰지지 않은 사람들의 경우, 심지어 단 몇 줄의 문장을 작문하기 위해 몇 날, 몇 일을 노력해도 헛수고에 그치게 된다.

작문 능력 배양을 위해서는 튼튼한 문법 지식과 풍부한 어휘 실력을 닦는 것이 전제돼야 한다. 그리고, 이러한 실력은 다양하고 많은 외국어 문장들을 다독하고, 외우고, 습작하는 과정을 반복하며 향상시킬 수 있다.

나. 작문 실력 향상을 위해 독서와 이 메일 등을 활용 하자.

작문 실력 배양도 훌륭한 글을 많이 읽는 데서 시작된다. 우선, 자신의 관심 분야에 대한 외국어 서적을 많이 읽어야 한다. 아울러, 원어민이나 외국어에 능통한 한국인들과의 회화를 통해 긴요한 표현들을 배워 작문에 활용하는 방법을 실천해야 한다. 학교에서 교수(사)들이 외국어로 리포트를 작성하도록 하는 것도 학생들의 작문 실력을 향상시키는 데 도움이 된다. 또한, 외국어로 일기를 쓰거나, 원어민들과 Twitter, Pen pal, Facebook, My Space, 혹은 E-mail을 주고 받는 것도 권장할 만 하다.

6) 말하기(Speaking)

가. 스피킹은 외국어 공부의 꽃이다.

말하기 영역은 흔히, 회화와 스피치 영역으로 대표된다. 특히, 전문지식과 언어구사력, 논리력을 망라하는 스피치는 작문과 함께 외국어 공부의 정수 중 정수라고 볼 수 있다. 따라서, 스피치와 작문은 외국어 공부의 최종 목적지이기도 하다. 그 만큼, 스피킹에서의 실력 차이는 곧 영어 전반의 실력 차이로 인식되고, 남들에 의해 쉽게 인지되며 평가된다.

나. 섀도잉(Shadowing), 낭독, 스토리텔링으로 연습을 생활화 하자.

원어민과 회화할 수 있는 기회가 충분치 않는 상황에서 효과적인 스피치 연습을 하기 위해서는 수준에 맞춰 CD를 듣거나, 드라마, 영화를 보면서 섀도잉(Shadowing: 따라서 말하기)을 하거나, 화상 통화가 가능한 스카이프(Skype) 등을 활용하는 것이 효과적인 방법이다.

이와 같은 연장선에서, 평소 소리를 내어 책을 낭독하는 훈련도 필요하다. 외국어를 공부할 때 대부분의 시간을 눈으로만 하기 때문에, 막상 입으로 스피킹을 하려고 하면 말이 쉽게 잘 나오지 않는다. 이러한 문제점을 극복하기 위해서는 낭독을 통해 리듬감을 익히고, 말하는 습관을 체질화할 수 있기 때문이다. 낭독 훈련과 함께, 사진이나 그림 내용, 그리고 동화, 소설, 에세이의 주제 등을 놓고 스토리를 만들어 보는 Story telling 훈련을 하는 것도 스피킹 능력 향상에 도움이 된다.

다. 친구들과 회화 동아리를 만들자.

스피킹 능력 향상을 위한 또 다른 방법은 수준이 비슷한 사람들

주 동티모르 대사 재임 시 오르따 동티모르 대통령과 업무 협의 모습(2008)

끼리 회화 동아리를 만들어 다양한 주제를 갖고 프리젠테이션과 토론 훈련을 하는 것이다. 이 때, 스피치나 프리젠테이션 내용을 수정해 주고 멘토링(Mentoring)을 해 줄 수 있는 원어민이나 실력 있는 리더가 있다면, 금상첨화일 것이다.

라. 스피치 할 때, 너무 잘하려는 과욕을 버리자.

작문의 경우, 잘못되거나 어색한 부분은 사전에 수정할 수 있지만, 스피치에서는 한 번 입을 떠난 말은 주워 담을 수 없다. 심지어는 대부분의 경우 회의 석상에서 하는 말은 녹음까지 되기 때문에 잘못한 경우 심한 스트레스를 받게 된다.

또한, 모국어로 스피치를 하는 것도 쉽지 않은 일인데, 하물며 외국어로 하는 것은 두말할 여지도 없이 더욱 부담스럽고 어렵다. 흔히 스피치를 잘 할 수 있는 방법으로서 “자신감을 갖는 것이 최선이다.”라고 주장하지만, 실력이 없으면 아무리 자신감을 가져도 소용이 없다. 따라서, 평소 어학 전반에 걸쳐 실력을 충분히 연마한 뒤, 플러스 알파로써 경험과 자신감을 첨가하면 비로소 훌륭한 연사가 될 수 있다.

테크니컬한 측면에서는 스피치를 할 때 과욕을 부리지 말아야 한다. 자신 있는 문장, 부담없는 문장으로 이어 가는 것이 바람직하다. 실력을 자랑하려고 오버(Over)를 하다, 페이스(Pace)를 잃고 자신의 실력마저 발휘하지 못하는 일이 생길 수 있기 때문이다.

마. 토론, 스피치, 프리젠테이션에 자주 사용되는 어휘들을 섭렵하자

흔히 회화나 스피치에서 자주 사용되는 어휘들이 있다. 스피치를 시작할 때 사용되는 어휘들(Opening remarks)와 마무리할 때 사용되는 어휘들(Closing remarks)을 비롯하여, 스피치 도중 화제를 바꿀 때 사용하는 각종 접속사 (Conjunctions)들을 익히면 도움이 된다. 스피치에 필요한 어휘력을 효과적으로 기르기 위해서는 자신이 자주 다루는 테마를 담은 원서 연설문집을 구해 읽는 것도 좋은 방법이다.

바. 사전에 스피치 내용을 철저히 준비하고, 메모를 준비하자.

대중 앞에서 외국어로 스피치를 잘 하는 일은 쉽지 않은 일이다. 외국어 실력 외에 심리적 측면도 작용한다. 외국어로 연설을 하려면, 한국어로 할 때에 비해 몇 배 더 어렵다. 따라서, 한국어로 연설할 때에 비해 보다 꼼꼼히 준비하는 것이 당연하다.

미리 내용과 표현에 대해 충분히 준비하는 것은 물론, 처음에는 원고를 준비하거나 요지를 적은 메모지를 준비하면, 스피치 도중 심리적으로 더욱 안정감을 유지할 수 있다.

사. 경험이 실력 발휘의 촉진제다.

스피치에서 실력과 경험 가운데, 실력이 더욱 중요한 것은 두말할 여지가 없다. 그러나, 언급한 대로 대중 앞에 연설을 할 때는 많은 사람들이 심리적 부담을 느끼게 된다. 이로 인해, 제 실력을 발휘하지 못하는 경우가 허다하다. 실전 경험을 반복하여 쌓는 가운데 상황에 적절한 어휘를 사용하는 능력이 길러지고, 풀로어(Floor)의 분위기에 따라 자연스레 대처하는 요령도 생긴다. 앞서 설명한 대로 스피치 동아리 활동을 통해 경험을 기르거나, 평소 외국인이 참석한 모임에서 자주 스피치를 해보는 것도 좋은 훈련 방법이다.

7) 문법, 어휘, 듣기, 말하기, 작문의 유기적 학습이 필수다.

외국어 공부를 할 때는 어휘, 독해, 스피킹, 리스닝을 각각 별개로 분리해서 하기 보다는 상호 유기적으로 해야 한다. 앞에서 설명한대로, 외국어 공부를 효과적으로 하는 방법을 종합적으로 정리하면,

▲ 문법은, 외국어 공부를 처음 시작하는 초 · 중등 시절에 충분히 해 두는 것이 장기적 관점에서 볼 때 유리하며,

▲ 어휘력과 표현력을 기르기 위해서는 초 · 중등 시절에는 외국어로 쓰여진 동화나 교과서를, 그리고 대학생이 되어서는 전공 서적과 신문, 잡지 등을 열심히 읽는 것이 유익하다.

▲ 리스닝 능력 향상을 위해서는 초등학교와 중학교 학생들의 경우는 교

재에 딸린 CD 등을, 고교생 이후부터는 교재 없이 외국어 라디오, TV, 영화 등을 시청하는 것이 도움이 되며,

▲ 스피킹은 평소 뉴스와 드라마, 영화를 보면서 섀도잉을 하고, 독해를 하면서 동시에 낭독을 하며, 틈틈이 특정 주제를 두고 스토리를 만들어 보는 스토리텔링 등의 방법을 활용하면 효과적이다.

▲ 마지막으로 작문 실력 배양을 위해서는 생활 속에서 외국어로 메모를 작성하거나, 일기를 쓰고, 원어민과 이 메일 등을 하는 것도 도움이 된다.

15. 외국어 공부 방법

외국어를 마스터하기 위해서는 굳은 마음의 자세와 효과적인 학습 방법이 동시에 필요하다. '글로벌 시대에는 필수적으로 외국어 실력을 갖춰야 한다는 강한 동기(Motivation), 기필코 마스터하겠다는 결심(Commitment), 중단없이 목표 달성을 위해 노력하는 인내(Perseverance), 할 수 있다는 확신(Confidence) 등' 심리적 요인들이 확고히 마음에 자리잡아야 하고, 아울러 효과적인 학습 테크닉(Technique)과 방법론(Methdology)도 함께 강구돼야 한다.

1) 외국어의 중요성에 대한 깨달음이 필요하다.

흔히, 우리는 공부를 할 때 방법에 먼저 관심을 가지지만, 사실은 공부의 필요성과 중요성에 대한 깨달음을 먼저 얻고, 그 바탕 위에서 강한 동기와 결심을 확립하는 것이 더욱 중요하다. 방법은 그야말로 방법에 불과하며, 방법을 몰라 공부를 못하는 경우는 드물다. 글로벌 시대를 맞아 "외국어가 학벌 보다 낫다"는 레토릭(Rhetoric)이 유행하고 있듯이, 어떤 학문과도 비교될 수 없을 정도로 높아진 외국어의 중요성에 대한 깨달음을 외국어 학습의 주요 동인으로 삼아야 한다. 강력한 동기가 생기면 자연히 효과적 공부 방법이 모색되게 되고, 실천도 뒤 따르게 된다.

2) 외국어를 마스터할 수 있다는 확신이 필요하다.

외국어의 중요성을 깨닫고, 열심히 하여 기어히 최고 수준에 오르겠다는 각오나 동기가 서게 되면, 그 다음에 한 가지 더 필요한 마음의 덕목은 '할 수 있다.'는 확신이다. 대부분의 학생들이 외국어의 중요성을 충분히 알고 있지만, 외국어 공부에 선뜻 도전하지 못하는 이유는 외국어 공부의 어려움에 대한 부담, 즉 자신감 결여 때문이다. 따라서, 마스터할 수 있다는 확신을 갖는 일이 중요하다. 충분한

동티모르 대사 재임시 개천절 리셉션에 참석한
구스마웅 수상과 환담하는 저자 내외(2008)

시간과 노력을 투자하는 경우, 반드시 정복될 수 있다는 확신을 가지면, 보다 희망을 갖고 인내하며 전념할 수 있다.

우리 사회의 아이돌(Idol) 들인 피겨스케이트 선수 김연아, 축구선수 박지성, 수영 선수 박태환, 골프 선수 신지애 등의 성공스토리 뒤에는 한결 같이 강한 자신감들이 있었다. 이들 역시 심각한 슬럼프에 빠져 방황했던 적도 있었지만, 이를 극복하고 반드시 정상에 설 수 있다는 강한 자신감이 오늘 날 그들의 위상을 있게 했다. 외국어 공부 역시 마스터할 수 있다는 자신감을 갖게 되면, 중도에 찾아올 수 있는 슬럼프와 회의감도 충분히 극복하면서 목표를 달성할 수 있다.[1)]

---

1) 누구나 '1만 시간의 노력을 쏟아 한 분야에서 열심히 공부하면, 그 분야에서 최고 수준의 전문가가 될 수 있다.'는 '1 만 시간의 법칙'이 화제를 모으고 있다. 1990년 대에 심리학자 앤더슨 에릭슨이 베를린 음악아카데미 학생들을 대상으로 연주 실력과 투자한 공부 시간과의 상관관계를 파악하기 위해 실시한 연구였다. 당시의 연주 실력에 따라 세계적 솔리스트 가능성이 있는 엘리트 그룹과 '잘 한다'는 평가를 받는 우등생 그룹, 프로급 연주를 해 본 적이 없고 공립학교 교사가 꿈인 일반학생 그룹으로 나눠 '처음으로 바이올린을 집어 든 순간부터 지금까지 얼마나 많은 연습을 해 왔는가?'라는 질문을 던졌는데, 세 그룹에 속한 모든 학생이 처음 바이올린을 시작한 것은 대략 5세 전후로 비슷했으나, 20세 정도가 되면서 연습 시간의 총량이 각각 1만 시간과 8000시간, 4000시간으로 나타났다. 중요한 사실은 노력하지 않았는데 최상급이 된 학생도, 반대로 열심히 했는데 두각을 못 나타낸 학생도 없었다는 점이다. 이런 사실들을 종합해 보면, 어떤 영역에서든 세계 수준의 전문가, 마스터가 되려면 1만 시간의 학습이 필요하다는 논리가 성립된다. 1만 시간은 대략 하루에 3시간 씩 10년간 연습하는 양이다.

3) 기초를 튼튼히 다지자.

앞의 '1만 시간의 법칙'이 설명하듯이, 한 가지의 외국어 공부를 마스터하는 데는 약 1만 시간(10년)이 걸린다고 한다. 이 10년 가운데 기초를 다지는데 얼마의 시간을 할애하는 것이 바람직할지에 관해 별도의 연구결과는 없지만, 저자의 추정으로는 대략 2 여 년 정도를 할애하는 것이 바람직하다고 본다. 기초를 튼튼히 다지면, 이후에 더욱 빠른 발전을 성취할 수 있기 때문에 지나치게 인색할 필요는 없다고 본다. 특히, 어휘나 문법 면에서 기초가 약하면, 독해, 리스닝, 작문, 스피킹 등 다른 모든 부분에서 빠른 향상을 기대하기 어렵다.

그러나, 기초 공부에 너무 오래 지체해서도 안된다고 본다. 위의 문법 공부 편에서도 설명했듯이, 기초 공부에 너무 오래 지체하면 지루함을 느끼고, 자칫 외국어 공부 전체에 대한 흥미를 잃을 수 있기 때문이다. 따라서, 기초학습의 집중적 대상인 문법, 어휘 부문에서 공부가 어느 정도 이뤄진 뒤에는 독해, 작문, 리스닝, 회화 쪽으로 중심을 이동하는 것이 바람직하며, 아직 취약한 문법과 어휘는 독해 등을 하면서 계속 보강해 가면 된다.

4) 어휘 공부는 발음부터 익힌 뒤, 뜻, 스펠, 용법을 익히자.

단어든, 어휘든, 문장이든 귀와 입에 충분히 익혀야 한다. 특히, 단어를 익힐 때는 스펠을 쓰면서 의미를 외우지 말고, 처음에는 20~30번 발음부터 하여 귀와 입에 먼저 익힌 뒤, 스펠을 외우고, 의미와 용법을 익혀야 한다. 그렇게 하여야 필요 시 빨리 입에서 나오고, 오래 기억된다.

5) 듣기든, 듣기지 않든 리스닝은 10년 이상 계속하자.

귀가 먼저 뚫린다고 하지만, 처음에는 알고 있는 어휘의 범위 내에서만 뚫린다. 모르는 어휘에는 귀가 뚫릴 수 없다. 그러나, 전체적으로 상당한 실력이 쌓인 뒤 부터는 모르는 단어들도 들리게 된다. 그 때부터는 라디오 청취나 TV 시청을 통해 귀로 들은 문장들을 바로 입으로 따라 할 수 있는 능력이 생긴다. TV에서 들은 모르는 단어들도 머리에 저장하여 나중에 사전을 찾아 볼 수 있는 여유도 갖게 된다. 결국 암산을 하는 원리와 같이 귀로 들은 표현들을 암기하면서 어휘와 스피킹 공부도 하고, 문법 공부도 함께 할 수 있게 된다. 어느 정도 어휘와 문법실력이 갖춰졌다고 볼 수 있는 고교 시절부터는 이와 같이 외국 TV와 라디오의 생방송을 스마트 폰과 팟 캐스팅 등을 통해 하루에 한 두 시간씩 시청해야 한다.

6) 현지의 초등학교 졸업생 수준을 목표로 삼자.

외국어의 숙련도(Proficiency)를 측정할 때는, 해당 외국어가 사용되는 나라의 '학생들의 평균 수준'을 기준으로 삼는 것이 현실적이다. 다시 말해, 유치원생 수준, 초등학생 수준, 중학생 수준, 고등학생 수준, 대학생 수준으로 분류하면 비교적 쉽고 명확하게 이해할 수 있다. 어느 사회에서나 각급 학교의 학생들은 상당한 실력의 차이를 갖고 있다. 초-중-고- 대학생은 각기 구사하는 어휘의 수와 질은 물론, 문법 수준 면에서도 현저한 차이를 지니고 있다.

이와 같은 평가 기준에 의하면, 저자가 '외국어 중심의 3중 융합전공'에서 요구하는 외국어의 수준은 현지의 초등학교 학생 수준이다. 외국인이 그 외국어를 모국어로 사용하는 나라의 초등학생 수준만큼 할 수 있다면, 매우 우수한 수준이다. 그리고, 중·고등학생 수준의 실력이면 도달하기가 쉽지 않은 탁월한 수준이며, 대학생 수준의 실력은 불가능에 가까울 정도로 극히 예외적인 수준으로 평가해야 한다.

초등학교 수준이면, 아직 부족하지만, 웬만한 문장 구조나 문맥을 이해하는 문법 실력과 어휘실력을 갖췄고, 화화나 작문에서도 기본 실력이 다져 졌다고 판단하기 때문이다. 무엇 보다 혼자서도 계속 실력을 향상시켜갈 수 있는 단계라고 본다.

7) 우리 학생들은 대학 졸업 때 까지 2,000 여 시간의 외국어 수업을 받는다.

현재 우리나라에서는 초등학교 3학년 때부터 영어 교육을 실시하지만, 대학생이 돼도 대부분이 영어에 능통치 못하다. 그 이유는 앞서 설명한 데로, 외국어 공부 시수의 절대 부족이 주요한 이유의 하나다. 우리나라의 각급 학교에서 실시하는 영어 수업 시수를 살펴보면, 초등학교에서는 3학년부터 주당 1~2시간 씩을 지도하여 4년간 약 300여 시간을, 중-고등학교에서는 주당 4-5시간 씩 6년 동안 약 1,100 여 시간을 가르친다. 그리고, 대학에서는 영어 관련 전공자가

동티모르 주재 유엔경찰(UNMIT Police) 기지를 방문 격려 (2009.6)

아닌 경우, 대학에 따라 학생 개인에 따라 수업 시수가 천차만별이지만, 교양 필수 영어 등의 과목으로 4년 동안 400-500 여 시간을 공부하는 것으로 추정된다. 이렇게 볼 때, 우리나라의 학생들은 초등학교에서 대학 까지 총 2,000여 시간의 영어 수업을 받는다.

다수의 언어학자들은 "우리나라와 같은 비 영어권 국가에서 영어 교육이 효과를 얻자면, 고교까지 최소한 2,500 시간을 교육해야 한다."고 주장하는 것을 감안하면, 우리나라 학생들이 왜 영어가 제대로 안 되는 지의 이유를 알 수 있다. 또한, 외국어실력을 높이기 위해 외국으로 유학을 떠나는 이유도 이해할 수 있다.

8) 부족한 공교육 수업 시수는 스스로 보충하자.

최근 들어, 우리나라 공교육 기관들의 영어 수업 시수가 과거에 비해 많이 늘었다고는 하지만, 아직도 여전히 절대적으로 부족하다. '1만 시간의 법칙'에 비추어 볼 때는 약 1/4에 불과할 정도로 절대적으로 부족한 것을 발견할 수 있다.

따라서, 능통한 수준의 영어 실력을 목표로 하는 학생들은 우선 학교에서 영어 공부하는 시수의 4배 정도를 독학, 학원 수강, 어학연수 등을 통해 스스로 보강해야 한다. 유학을 가지 않고, 국내에서 외국어를 공부하는 경우, 24 시간 영어를 사용할 수 있는 생활 환경을 만들어 일상적으로 강도 높게 공부하는 습관을 갖추는 것이 절대적으로 중요한 이유다.

9) 2가지 이상의 외국어에 욕심을 내지 말자.

'몇 가지 외국어를 유창하게 구사할 수 있을까?'의 문제는 모두에게 주요한 관심사이자 호기심의 대상이다. 그러나, 외국어 분야에 천재적인 재능을 갖지 않은 한, 전공 수준으로 공부할 수 있는 외국어의 수는 2~3개로 제한해야 한다. 우리는 누구나 공부에 투자할 수 있는 시간과 에너지, 경제력 면에서 한계를 갖고 있고, 특히 '외국어 중심의 3중 융합전공'을 하는 사람들은 외국어 외에 다른 분야에 대한 공부도 해야 되기 때문이다. 어떤 사람들은 10 여개, 심지어는 20 여개의 외국어에 능통하다고 주장하는 사람들도 있지만, 명백히 과대 포장된 경우다. 간단한 표현 몇 가지를 할 수 있는 수준까지 포함하여 그렇게 얘기한다고 볼 수 있다.

'1만 시간의 법칙'을 응용해 보면, 한 가지 외국어를 마스터하는 데도 1 만시간이 필요하다. 하루에 3시간 씩 약 10년을 공부해야 되는 학습 양이다. 영어와 제 2외국어, 기타 비외국어 전공을 합쳐 '3중 전공'을 10년에 걸쳐 마치려고 한다면, 이들 3 과목에만 하루에 투자해야 하는 공부 시간이 총 9시간이다.

이러한 계산을 근거로 하면, '외국어 중심의 3 중융합 전공'을 제대로 하기 위해서는 외국어는 두 가지 이상을 공부하는 것은 현실적으로 어렵다는 결론이 나온다. 따라서, 필자는 한국인들의 경우, 우리나라 말을 제외하고, 외국어로는 영어와 기타 외국어 한 가지를 합해 2가지 이상 욕심을 내지 말 것을 권유하고자 한다.

10) 24시간 외국어를 공부할 수 있는 생활환경을 갖추자.

외국어 공부를 효과적이고 집중적으로 하기 위해서는 철저한 준비가 필요하다. 특히 국내에서 공부를 하는 경우는 더욱 그렇다.

▲ 외출 시는 항상 전자사전(스마트폰 사전 등)을 휴대하고,

▲ 집이나 사무실에서도 손이 닿을 수 있는 위치, 이를 테면 침대, 응접실, 테이블 등에 사전과 필기 도구를 비치해 둔다.

▲ 밤에는 자다가도 필요시 사전을 펼쳐 볼 수 있도록 침대 옆에는 사전과 함께 스탠드도 준비해 둔다.

▲ 잠자리에 들었지만, 잠이 오지 않는 경우, 외국어 방송을 청취할 수 있도록 라디오도 준비해 둔다.

▲ 여행, 산보, 출퇴근 길 차량 안에서도 공부할 수 있도록 읽을 자료나 시청각 자료를 준비하는 등 24시간 촌음도 허비하지 않고, 공부에 활용할 수 있도록 마음은 물론, 학습 자료와 도구를 준비해 둔다.

11) 큰 시간보다 작은 시간을 더 소중히 하자.

잠자는 시간만 빼고, 모든 시간들, 심지어 밥 먹는 시간, 화장실에 있는 시간도 낭비하지 말고 공부를 하는 치열한 자세가 필요하다. 버스 안, 지하철 안에서는 기본이고, 1분의 틈새 시간이 나도 책을 꺼내 드는 알뜰한 자세를 갖춰야 한다. 작은 시간, 틈새 시간, 자투리 시간을 더 소중히 하는 마음을 가져야 한다. 작은 시간을 소중히 하지 않는 사람은 큰 시간도 소중히 여기지 않기 때문이다. 작은 시간이 모여 큰 시간이 되는 만큼, 큰 시간은 1초에서부터 형성되는 것이다. 이와 같이 모든 가능한 시간을 공부에 투자하는 진지한 자세와 함께 그 시간들을 최대한 효율적으로 활용하는 지혜로운 전략이 함께 요구된다.

12) 자기 주도적 공부 습관을 기르자.

가. 중학생부터 자기주도적 학습 습관을 기르자.

외국어 공부도 다른 공부와 같이 스스로 학교 강의와 교재, 그리고 참고 교재만으로도 공부해 가는 자세가 중요하다. 소위, 자기 주도적 학습방법이다. 앞에서 설명한 바와 같이 외국어 공부의 중요성에 대한 자각, 그리고 열심히 노력하면 반드시 마스터할 수 있다는 확신을 갖고 타율에 의해서가 아니라, 스스로 자율적으로 공부에 임해야 한다. 일반적으로 중학생이 되면 이미 혼자 공부하는 방법을 충분히 터득했어야 할 시기다. 이 때 부터는 자기주도적 학습을 실천해야 한다. 학원을 중단할 때, 성적이 떨어질 것이라는 이른 바 학원금단증상 때문에, 결심을 내리는 것이 어렵겠지만, 사교육에 의존하는 기간이 길어질수록 학원금단증세는 깊어지고 중단은 더욱 어려워진다.

나. 학원 수업은 스스로 계획하고, 요점을 정리하는 능력을 저하시킨다

학원 수업에 의존하게 될 때 학생들에게 나타나는 주요한 폐단들로서는 스스로 공부를 계획하고 기획하는 능력, 요점을 정리하는 능력, 자율적으로 공부하는 자세가 퇴보한다는 점이다. 따라서 적어도 중학생 때 부터는 부모나 교사들이 학생들에게 너무 구체적으로 공부방법을 지시하거나 간섭하는 일은 삼가야 한다. 물론 학원의존도부터 낮춰야 한다. 실제 학원 공부는 비용 소모적 일 뿐 아니라, 시간 소모적이다. 한, 두 시간 학원 공부를 위해 소요하는 교통 시간, 비용 , 에너지 소모를 감안해 보면, 학원 수업은 총체적으로 극히 비효율적이다. 학교 수업을 충실히 듣고, 예습과 복습을 철저히 하면 학원 수업 없이도 충분히 좋은 성적을 거둘 수 있다는 것을 스스로 경험하고 확신할 수 있도록 계기를 마련해 줘야 한다.

13) 장소, 시간, 상황, 컨디션 등에 따라 공부 방법을 달리 하자.

가. 장소에 따른 외국어 공부 방법

우리 주변에 공부를 하는 장소는 다양한 형태로 존재한다. 집, 도서관, 전철, 산보길, 전철 등의 장소 형태에 따라 외국어 공부의 수단과 도구, 방법이 달라져야 한다.

▲ 집에서 공부할 때 공부방법과 준비물

– 사전을 서재, 응접실, 침실에 한 권 씩 비치하자.

집안에서는 동선에 따라 많이 머무는 곳에 외국어 공부 자료를 별도로 비치한다. 기본적으로 집안에서 많은 시간을 보내는 장소는 네 곳이다. 저자의 경우, 이 네 곳은 서재, 응접실, 침실, 그리고 나머지 하나는 잠 옷 주머니이다. 이들 장소에는 외국어 공부에 필요한 교재나 리스닝을 위한 라디오, 그리고 사전, 전기 스탠드 등을 비치한다. 특히, 사전의 경우 가장 자주 이용하게 됨으로 한 권을 갖고 이곳, 저곳 옮겨 다니는 일은 매우 귀찮고 불편하다. 따라서, 이 네 곳의 장소에 한 권 씩을 별도로 보관한다. 최근에는 스마트 폰에 사전 기능이 내장돼 있어 항상 몸에 지니고 다니면, 사전을 이곳 저곳에 비치하지 않아도 돼 편리하다.

– 집에서는 잠옷에도 사전(스마트폰 사전 등)을 넣고 다니자.

잠옷을 살 때는 포켓이 있는 것을 고르는 것은 기본이다. 집안에서 잠옷 차림으로 있는 시간이 많기 때문에, 사전(스마트 폰 사전 포함)을 잠옷에 소지하고 다니며 사전이 비치돼있지 않은 화장실이나 식당 등에서 떠오르는 단어가 있을 때, 즉시 펼쳐볼 수 있다. 식당에서는 각종 주방 용기나 음식과 관련된 내용이, 그리고 화장실에서는 그곳과 관련돼 떠오르는 단어나 표현들이 있기 때문이다.

– 서재에는 Cable TV시청 준비를 갖추자.

집에서 Cable TV를 시청할 때는 다른 가족들에게 방해가 되지 않도록 자신만의 공간에서 시청하는 것이 바람직하다. 앞에서 설명한

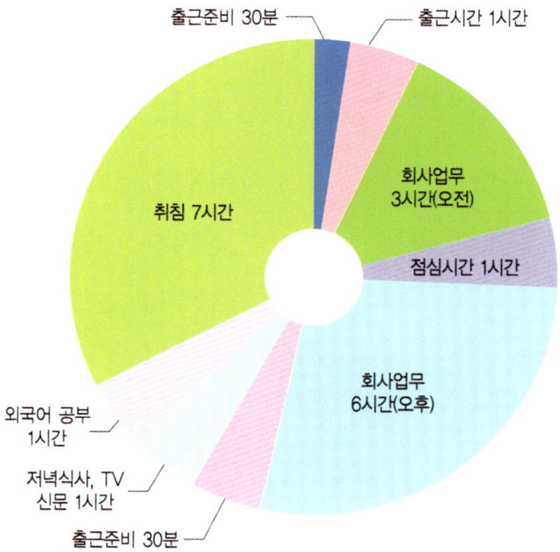

일과표의 한 예

바와 같이 높은 수준의 외국어 실력에 도달하면 리스닝을 통해 광범위한 외국어 학습효과를 거둘 수 있기 때문에, 글로벌 Cable TV를 시청할 수 있는 준비를 갖추는 것이 필요하다. 최근에는 수신료를 내고 Cable TV를 시청하는 것 보다 스마트 폰, 팟캐스팅 등을 이용하여 인터넷에서 외국 TV의 프로그램을 무료로 다운 받아 이용할 수도 있다. 그림 1(하루 일과표) 참조.

▲ 전철, 버스, 기차, 항공기 등 교통수단에서의 공부 방법과 준비물

전철이나 기차, 국내선 항공기에서는 영어 신문을 구입해 읽으면 보다 분위기에 잘 어울린다. 장거리 국제선 항공 여행을 할 때는 항공기에 비치된 영어 신문과 함께 잡지를 읽거나, 좌석에 부착된 소형 TV를 통해 외국어 뉴스, 영화 등을 보며 공부를 할 수 있다. 다만, 최근 우리나라를 비롯하여 전 세계적으로 유행하고 있는 저가 항공(Budget Airlines)들의 경우, 신문과 잡지, TV가 없고, 스마트 폰에 저장된 전자 사전도 비행 중에는 사용을 금지하기 때문에, 별도로 읽을 거리를 준비하여 탑승해야 한다.

전철, 버스, 기차, 승용차 등에서는 주행 중 흔들림 현상으로 인해 책을 읽는 경우 멀미를 겪기 때문에, 짧게 메모된 단어장이나 스마트 폰 사전 등을 준비하여 차창 밖 경치를 감상하면서 어휘 공부를 하거나, 스마트 폰의 애플리케이션을 이용하여 리스닝 연습을 하는 것이 바람직하다.

▲ 식당, 터미널, 공항, 호텔 등에서

레스토랑, 공항, 터미널, 호텔 룸 등에서는 어떤 자료든 이용하는데 문제가 없다. 다만, 주변 분위기를 감안하여 레스토랑에서는 신문이 보다 잘 어울리고, 터미널과 공항 등에서는 보딩타임(Boarding time)을 기다리며 소설이나 전문 서적을 탐독할 수 있다. 럭셔리 호텔 레스토랑의 입구에는 영자 신문과 현지어 신문이 비치돼 있는 경우가 많지만, 일반 레스토랑에 갈 때는 준비해 가야 한다. 호텔에 투숙하는 경우, 체크인할 때, 프런트 데스크(Front desk)직원에게 영자

한-동티모르 에너지 협정 체결 장면
(구본준 LG 상사 대표, 이윤호 지경부 장관, 저자, 구스마웅 수상, 2007.4)

혹은 현지어 신문을 지정하여 매일 아침 룸에 넣어달라고 요청을 하면 자동 배달된다. 그러나, 신문이 품절됐거나, 휴간하는 일요일의 경우에는 룸 안에 비치된 다른 자료들, 이를 테면 호텔 소개자료, 관광 안내 자료, 영어 성경 등을 찾아 읽을 수 있다.

최근에는 랩탑이나 스마트 폰을 사용하여 인터넷도 이용하고, 외국어 공부도 할 수 있는 데, 문제는 데이터 로밍(Data roaming) 사용료가 너무 비싸기 때문에 주의해야 한다. 따라서, 데이터 로밍을 하지 말고, 공항이나 터미널, 호텔 등에 설치된 Wi-Fi Zone을 이용하면 무료로 인터넷을 사용할 수 있다.

나. 운전, 등산, 피트니스 운동 등 신체 활동에 따라 공부하는 방법

신체활동을 하는 동안에는 독서는 불가능하다. 따라서, 외국어 방송 청취가 가능한 휴대용 단파 라디오, MP3, 스마트폰 등을 리시버를 사용하여 들으며 운동을 하는 것이 효과적이다.

다. 신체리듬의 변화에 따라 공부하는 방법:

▲ 새벽에는 독해와 어휘, 낮에는 회화, 저녁에는 리스닝이 효과적이다.

인체의 생리리듬이 시간 대에 따라 변화하기 때문에, 어떤 시간대에 어떤 분야의 공부가 효과적인지를 스스로 파악하여 맞춰 공부를 하면 보다 높은 효과를 기대할 수 있다. 개인마다 차이가 있겠지만,

저자의 경우, 집중력이 높은 새벽에는 독해와 어휘, 문법 공부가, 두뇌가 다각적으로 왕성한 활동을 하는 낮에는 회화 공부가, 그리고 피곤이 누적된 저녁에는 리스닝 연습이 효과적이다. 따라서, 각자 어떤 시간대에 어떤 분야의 공부가 자신에게 효과적인지를 스스로 파악하여 공부하면 학습효과를 높일 수 있다.

▲ 공부도 워밍업(Warming-up)이 필요하다.

공부를 시작할 때도 운동을 시작할 때처럼 대략 10-20여분의 워밍업 시간이 필요하다. 집중력을 모으는 시간이다. 워밍업을 거쳐 점차 마음이 안정되고 두뇌의 집중력이 높아지면서 소위 몰입 단계에 진입케 된다. 마치 자동차 엔진을 시동할 때와 같은 이치다. 정신이 집중되고, 몰입단계에 접어들면, 그 때 부터는 리듬을 깨뜨리지 말고 지속적으로 최대한 오래 그 단계를 유지하며 계속 공부하는 것이 효과를 극대화시킬 수 있는 방법이다.

라. 주말과 연휴를 이용한 집중 공부 방법.

외국어 공부는 쉬엄쉬엄하는 것 보다 집중적으로 하는 것이 더욱 효과적이다. 하루 30분 혹은 한 시간 씩 짧게 하는 것 보다는 두 세 시간 이상씩 집중하여 하는 것이 보다 효과적이고, 특히, 주말의 경우 하루에 10여 시간 이상 집중하면 효과가 크다.

진지한 주말학습분위기 유지를 위해 일부러 주말에는 면도도 세

수도 하지 않고, 잠 옷 차림으로 종일 공부에 집중하면 높은 효과를 볼 수 있다. 일종의 자신을 상대로 한 자기 체면술이다. 공부 틈틈이 수염이 텁수룩한 자신의 모습을 거울에 비춰보며, 자신의 진지함과 투철한 정신력에 대해 스스로 칭찬도 해주고, 격려해 주면서 자신을 끊임없이 채근하는 것이다.

주말의 이틀에 걸쳐 총 20 여 시간 이상의 많은 공부 시간을 확보할 수 있기 때문에, 주말을 어떻게 보내느냐에 따라 실력 향상의 속도가 크게 달라진다.

16. 조기 유학과 조기 외국어 공부의 허와 실

1) 1990년대 세계화의 일과성 부산물이었다.

1980년대 말 구(舊) 소련과 냉전 체제가 붕괴되면서, 국제 사회에는 갑자기 교류와 협력의 바람이 불기 시작하였다. 그 여파 속에서 우리나라에서도 세계화 바람이 불었고, 조기 유학의 붐이 일었다. 2000년에는 우리 정부가 그 동안 예·체능 특기자들에 한해 허용하던 조기 유학을 일반 학생들에게도 허용하는 '조기유학 전면 자유화' 정책을 실시하였다. 이 후 조기 유학은 급 상승 무드를 탔다. 2000년 1만여 명을 조금 상회하던 숫자가 2006년도에는 약 3만여 명 까지 증가하였다(한국교육개발원 자료). 그러나, 좀처럼 꺾일 것 같지 않던 조기유학의 열풍이 2006년을 정점으로 조금씩 약화되기 시작하여, 2010년에는 2만명 이하로 떨어졌다. 결과적으로 볼 때, 당시 정부나 학부모 모두 조기 유학에 대해 장단점을 면밀히 분석하여 시작한 것이 아니고, 갑자기 불어 닥친 시류에 편승하여 즉흥적으로 실시한 것으로 볼 수 있다.

2) 조기 유학의 병폐가 나타나면서 조기 유학은 감소 추세.

가. 한국어 실력과 국내 인적네트워크에 불리하다.

조기 유학생이 감소한 이유는 무엇보다 조기 유학을 다녀온 학생들이 귀국 후 국내에서의 적응에 실패하는 등 심각한 병폐가 나타나기 시작했기 때문이다. 조기 유학생과 부모들의 원래 취지는, '세계화 시대의 주요한 수단이 되는 외국어 실력을 외국 학교에서 특출하게 연마한 후 귀국하여 다른 학생들에 비해 비교 우위의 경쟁력을 확보하는 것' 이었다고 본다. 그러나, 결과는 반대로 나타났다. 조기 유학을 다녀온 학생들이 귀국했을 때, 외국어 실력은 늘었지만, 국내에서 공부한 학생들에 비해 한국어와 국내 사정에 대한 이해, 국내의 인적네트워크 등의 면에서 불리하여, 결국 총수지 면에서는 마이너스로 나타났다. 또한, 그동안 국내 교육기관들의 외국어 교육 수준이 크게 향상된 것도 조기 유학의 매력을 저하시킨 또 하나의 요인으로 작용했다.

나. 국내 지도층의 주류는 국내 대학 출신들이다.

통계 수치를 보더라도 한국 사회에서 지도층 인사로 활동하고 있는 사람들의 절대 다수는 한국에서 대학을 졸업한 사람들이고, 유학을 한 사람들의 경우 대부분이 국내에서 학부를 마치고, 대학원 과정만 해외에서 공부한 케이스들이다. 이는 '국내에서 성공하기 위해서는 국내 사정과 문화에 익숙하고, 광범위한 국내 인적네트워크를 구축해야 한다.'는 현실을 반영한다.

다. 국내의 외국어 교육 환경이 개선되었다.

조기 유학의 필요성을 감소시키는 또 다른 요인은 국내의 외국어 교육 여건이 크게 개선된 점이다. 최근 들어, 국내 외국어 교육 기관들도 외국 교육 기관들과의 자매결연 등을 통해 교재, 교과과정, 그리고 교사 및 학생 교류를 활발히 시행하고 있고, 원어민 교사들을 활용하는 등 수준 높고 효과적인 외국어 교육을 실시하고 있다. 외국어 공부를 위해 해외로 조기 유학을 갈 이유가 크게 약화되었다.

주 동티모르 대한민국 대사 임명장 전수(청와대, 2007.8)

3) 조기 영어교육은 초등학교 3-4학년부터 시작하는 것이 바람직하다.

조기 유학의 경우와 함께, 국내에서 이뤄지는 조기 외국어 교육도 득실을 신중히 따져 봐야 할 문제다. 특히, 외국어를 처음 시작하는 나이는 몇 살이 적합할지에 대한 문제를 보다 과학적으로 접근해야 할 것이다. 근래에 일부 젊은 부모들이 너무 어린 시기부터 자녀들의 외국어 교육을 강조하고 있어 부작용이 우려스럽다. 어린이들이 두뇌학적으로 몇 살부터 모국어와 함께 외국어를 동시에 효과적으로 학습할 수 있는지, 그리고, 앞에 설명한 바와 같이 우리나라와 같은 사회 환경 속에서 개별 학생들의 미래의 경쟁력을 위해 어린 시절에 외국어 학습 비중을 크게 두는 것이 유리한지의 여부 등에 대해 정부와 전문가들이 체계적이고 과학적인 연구를 서둘러야 할 것으로 본다.

▲ 유아들에게는 한국어 교육에 전념하자.

유아가 말을 배우기 시작하는 나이는 대개 만 2세 부터다. 이 때부터 한국어를 배우기 시작하여 초등학교 상급생이 돼야 어느 정도 다양한 한국어를 정확히 구사할 수 있게 된다. 앞에서 설명한대로, 저자의 견해는 유아들의 경우, 두뇌가 아직 완전히 발달되지 않았기 때문에 동시에 2 개국어를 배우는 것은 무리라고 본다. 따라서, 모국어를 먼저 배운 뒤, 어순, 문장 구조, 발음, 시제 등의 면에서 모국어와 외국어의 차이점을 비교하면서 외국어를 배우는 것이 바람직하고 효과적이라고 본다. 이런 관점에서 보면, 본격적인 외국어 공부는 우리말에 대한 기초가 어느 정도 안정되게 확립되고, 한국어와 외국어의 차이를 비교 이해할 수 있는 능력을 갖는 초등학교 3-4학년부터가 적합하다고 본다. 그 보다 일찍 유아들에게 가르치려는 경우는 문장 보다는 명사, 형용사 등 품사 위주로 부분적으로 가르치는 것이 합리적이라고 본다.

4) 유학은 대학 졸업 후 가는 것이 바람직하다.

우리 사회에서 외국어 실력이 중시되는 외교직이나 해외 비즈니스 분야에서 성공한 지도자들 조차 대부분은 국내에서 대학을 졸업한 뒤, 해외에서 2～5 여년 간 유학을 다녀온 사람들이다. 이 사실은 한국 사회에서 성공하려면 외국어 실력이 중시되지만, 그것은 하나의 필요 조건일 뿐 이지, 충분 조건은 될 수 없다는 것을 입증한다. 외국어 보다 더 중요한 것은 전문지식과 지도력, 그리고 인적 네트워크라고 볼 수 있기 때문이다. 다시 말해, 외국에서 살지 않고, 국내에서 평생을 살려고 하는 한, 어릴 때나 성인이 돼서나 모국어와 모국어 실력을 항상 우선시해야 한다. 특히, 유아들에게는 조급하게 외국어를 가르치려 하지 말고, 우선 우리말을 가르친 뒤 우리말 실력이 어느 정도 갖춰진 초등학교 3·4학년부터 외국어를 지도하는 것이 장래를 위해서도 바람직하다고 본다.

17. 해외 언어 연수 및 유학의 효과

1) 어학 연수기간은 최소 6개월이 돼야 효과가 있다.

유학을 가서 경험을 해보면, 현지 도착 후 약 6개월 정도가 지나면 현지어에 대한 두려움이 줄어들면서, 귀와 입이 서서히 열리기 시작하는 것을 경험하게 된다. 물론, 외국어의 종류와 본인들의 노력에 따라 다를 수 있다. 그러나, 국내에서 공부할 때에 비해 현저한 실력 향상을 체험할 수 있는 것은 분명하다. 그 이유는 국내에 비해 24시간 공부할 수 있는 학습환경이 갖춰지기 때문이다. 다시 말해, 리스닝, 회화, 독해, 작문 등 모든 외국어 학습 영역에서 총체적으로 학습시간이 증가하기 때문이다.

▲ 해외에서는 리스닝이 가장 먼저 발달한다.

현지에서는 국내에서와는 달리 듣기와 말하기 가운데, 듣기 능력이 더 빨리 향상되는 것을 경험하게 된다. 듣기 능력이 터이면서 외국어 실력 전반이 동반 상승하는 것을 경험할 수 있다. 듣기가 되면, 그 때 부터는 자신이 스스로 책을 읽으면서 공부하는 부분 외에도, 일상생활 가운데 현지인들이 말하는 것들이 보다 명확히 머리에 입력되기도 한다. 또한, 히어링된 문장들 가운데 모르는 단어들도 오래 동안 기억이 되어 여유있게 사전을 찾아 볼 수 있게 된다. 양 방향 학습이 이루지는 것이다. 이러한 현상들이 국내에서 공부할 때에 비해 활발히 이뤄지는 것이 해외 유학과 어학연수의 혜택이다.

2) 24시간 외국어 학습 환경이 장점이다.

해외 어학연수나 유학을 가면, 24시간의 전 생활 과정이 외국어 공부 과정이 된다. 일상 생활 속에서 현지어 신문이나 잡지들을 수시로 접하여 읽게 되고, 현지인들과 수시로 만나 대화하는 과정이 모두 외국어 공부 과정이 되기 때문이다. 또한, 현지서 생활하면서 외국어의 필요성을 확실히 깨닫게 되는 것과 자신의 실력이 어느 정도인지를 객관적으로 가늠할 수 있어 강한 자극을 받게 되고 학습 페이스를 조절할 수 있는 장점이 있다.

3) 유학 기간은 5년 이상이 돼야 수준 높은 외국어 실력을 갖출 수 있다.

앞서 1만 시간의 법칙에서 설명했듯이, 외국어 실력은 시간과 노력의 투자에 비례한다. 외국에서 생활하면 대략 6개월 정도가 지나면서 서서히 가속도가 붙기 시작한다. 열심히 하는 경우, 유학 2년차 정도가 되면 발음과 어휘 실력이 크게 향상되고, 생활 회화 혹은 수업에서 특별히 큰 불편을 모르는 수준에 이른다. 그러나, 여전히 전문적인 테마를 심도 깊게 논의하는데 필요한 단어와 어휘, 문법 면에서는 부족함을 느낀다. 외국어와 개인의 능력에 따라 차이가 있지만, 약 5년 정도의 유학 생활을 열심히 하면 전공 분야의 강의, 논문 및 서적 집필 등의 면에서도 별 어려움을 느끼지 못할 정도로 상당한 수준에 도달하게 된다.

18. 외국어를 활용한 진출 분야

1) 외교부 등 정부기관, 기업체, UN 등 국제기구, 주한 외국기업 등 다양.

1980년 대 말 이전 까지 국내 산업의 근간은 대량고용을 필요로 하는 노동집약적 제조업이었고, 대부분의 취업 기회 역시 제조업이 제공하였다. 그러나, 그 후 삼고(三高) 현상(노임, 지가, 원자재 가격)이 발생하여 제조업 가운데 대규모 인력을 고용하던 기업들이 해외로 생산라인을 이동하면서 국내의 일자리가 급격히 줄어들었다. 그럼에도 불구하고, 산업구조의 고도화와 경쟁력 강화를 통한 기업의 세계화전략이 성공하면서 외국어 능통자들에 대한 수요는 꾸준히 증대돼 왔다. 수출위주의 국내 경제 구조 상 기업들의 해외 영업 비중이 높아지고 있고, 외국기업들의 국내진출도 증가하고 있기 때문이다.

민간기업들 외에 정부기관들, 이를 테면 외교통상부, 국정원, 법무부 산하 출입국관리 사무소, 경찰청 외사과 등도 외국어 능통자 특채를 대폭 늘리고 있다. 또한, 반기문 사무총장 취임 후, 우리 정부의 UN 분담금 규모가 커지면서 UN과 국제기구에서 한국인 채용

퀴터가 확대되고 있는 점도 외국어 능통자들에게는 희소식이다.

2) 중소 자영업자들도 외국어 실력을 갖춰야 한다.

지금은 자영업자들도 외국어 구사 능력을 갖춰야 하는 시대다. 국내에 거주하는 외국인의 수가 백 여만 명, 우리나라를 찾는 외국인 관광객들의 수가 연인원 천 만 여명에 육박하기 때문이다. 또한, 외국어 실력을 갖추면 퇴직 후에도 통-번역, 가이드 등의 활동을 할 수 있는 장점이 있다.

재외공관장 회의 참석 후 청와대 예방(2009.2)

19. 외국어를 활용한 취업 및 성공 전략

1) 국내에서는 해외 영업 부서를 선택하자.

기업체에 진출해서는 부서 선택이 중요하다. 외국어 전공자나 능통자는 해외 영업 부서가 최적이다. 상대적으로 남들 보다 뛰어난 외국어 실력을 충분히 발휘할 수 있을 뿐 아니라, 승진 등의 면에서도 유리하기 때문이다. 실제로 기업에서 CEO반열 까지 올라가는 사람들의 다수가 해외 영업 부서 출신이다. 아무리 훌륭한 제품이 생산되고, 뛰어난 기술력이 있어도 마케팅이 취약하면 기업이 운영될 수 없기 때문에, 기업에서 가장 중요한 부서의 하나가 해외영업 부서다. 더구나 대외무역의 비중이 GDP 대비 90% 수준에 육박할 정도로 해외의존도가 높은 경제구조를 갖고 있는 우리나라에서는 더욱 그렇다.

2) 해외 지사 근무도 필수 코스다.

젊은 시절 해외 근무는 자신의 발전에도 큰 도움이 된다. 해외에 근무하게 되면 그곳이 선진국이든 후진국이든 그곳의 이(異) 문화나 환경에 대한 적응력, 즉 글로벌 마인드와 감각이 길러진다. 이렇게 길러진 글로벌 감각과 마인드는 지구 상의 나라들에서도 효력을 발휘할 수 있는 소중한 지적 자산이요, 개인 경쟁력의 원천이 된다. 예를 들어, 인도네시아에서 성공적으로 임무를 수행한 사람은 중동이나 유럽에 가서도 똑 같이 글로벌 마인드와 감각을 발휘할 수 있는 것이다.

3) 광범위한 해외 인적네트워크를 구축하자.

비즈니스 역시 인간관계(Human relationship)의 일부분이다. 개인은 물론, 국가 간 협력에서도 사람들이 주역이다. 인간 세상의 모든 일이 인간과 인간 사이에서 이뤄지기 때문에, 글로벌 기업의 활동은 물론, 정부의 외교에서도 외국인들과의 폭넓은 인적네트워크는 가장 중요한 요인이다. 해외영업이나 해외 지사 근무를 하면서 얻을 수 있는 가장 값진 어드벤티지(Advantage)의 하나가 해외 정부 및 비즈니스맨들과 광범위한 인적네트워크를 구축할 수 있는 일이다. 이 과정에서 가장 효과적인 수단이 외국어이다. 현지어 실력과 현지 사회에 대한 지식은 현지인들에게 보다 깊은 친밀감과 신뢰를 주게 되어 그들과 훨씬 견고한 인간 관계를 성숙시킬 수 있도록 작용하기 때문이다.

20. 맺음말

글로벌 미디어인 CNN 방송을 틀면 가장 자주 들리는 문구의 하나가 'Go beyond borders!" 즉, "국경을 초월하여 생활하라!'이다. "21C 글로벌 시대의 젊은이들은 국적이나 성별, 직업에 관계없이 국경을 초월하여 세계를 무대로 활동할 수 있도록 준비하라."는 메시지로 해석될 수 있다. 본서는 이러한 인식에 기초하여, 글로벌 시대를 살아갈 젊은이들이 갖춰야 할 가장 중요한 지식이 무엇이며, 그것을 효과적으로 연마하는 방법, 나아가 연마한 지식을 유익하게 활용하는 전략에 대해 정의(定義)해 보았다. 그 가운데, 가장 우선적으로 비중을 둔 부분은 역시 젊은이들이 갖춰야 할 지식의 종류에 관한 탐구였다. 이 문제에 대해 객관적이고, 모두가 공감할 수 있는 결론을 도출하기 위해, 역설적으로 가장 기초적이고 상식적인 질문을 독자들에게 던지고, 그에 대한 가상의 답변을 유도하여, 최종적으로 결론을 내리는 방법을 사용하였다. 첫 번째, 던지는 질문은, "국경을 초월하여 세계를 무대로 살아가기 위해서는 어떤 지식을 우선적으로 갖춰야할까?"다. 모든 독자들이 이구동성으로 "외국어 실력이다."고 답할 것으로 추정한다. 두 번 째 질문은, "구사 가능한 외국어는 영어 하나 만으로 충분한가?" 다. 압도적인 다수의 독자들은, “아직도 세계적으로 영어로 소통할 수 없는 사람들의 수가 소통할 수 있는 사람들의 수 보다 6배나 많기 때문에, 영어 하나만으로는 충분치 않다.”고 대답할 것으로 예측한다. 마지막 질문은, “글로벌 시대에는 외국어만 능통하면 성공할 수 있는가?”이다. 분별력 있는 독자들은 “외국어는 지식을 표현하는 수단에 불과하며, 글로벌 시대에는 누구나 갖추고 있는 지식이기 때문에, 외국어 외에 별도의 다른 전공을 가져야 유리하다.”고 답할 것으로 예상한다.

결론적으로 이 3 가지의 역설적 질문들에 대한 독자들의 객관성 있는 답변들을 근거로, 글로벌 인재가 갖춰야 할 지식을 정의해 보면, “영어와 제 2외국어 하나를 합친 두 가지의 외국어 + 비외국어 전공 하나=외국어 중심의 3 중 융합전공”이 된다. 나아가, 본서는 글로벌 시대의 젊은이들이 추구해야할 지식 패키지(Knowledge package)인 ’외국어 중심의 3중 융합전공‘을 효과적으로 공부하고 마스터하는 방법과 최종적으로 사회생활에서 효과적이고 유익하게 활용하는 전략을 함께 제시하였다. 모쪼록, 본서를 통해 젊은이들은 총체적으로 스스로 미래를 준비할 수 있는 비전과 지혜, 전략을 얻을 수 있기를 기대한다. 또한, 젊은이들의 미래를 합리적이고 올바른 방향으로 이끌어 줘야 할 위치에 있는 교수(수), 학부모들에게도 조언에 필요한 귀중한 참고 자료가 되길 기대한다.